KB127910

나는
월급쟁이에서
이렇게
독립했다

언젠가 물었습니다.

노력해도 나아지지 않는 형편, 왜 열심히 사시느냐고.

그리고 답하셨습니다.

힘들어도 포기하지 않는 모습을 보여주고 싶다고.

그렇게 전 '끈기'와 '성실'이라는

유산을 상속받아 여기까지 왔습니다.

아버지, 어머니.

감사하고 사랑합니다.

절약왕(장성원)

나는 월급쟁이에서 이렇게 독립했다

90년생 직장인이
5년 만에 20억 달성하고
퇴사한 돈 공부

절약왕(장성원) 지음

RHK
알에이치코리아

험난한 자본주의의 바다를
건널 수 있는 보석 같은 재테크 노하우

_청울림(유대열) 다꿈스쿨 대표, 《나는 오늘도 경제적 자유를 꿈꾼다》 저자

제가 이 책의 저자 장성원 님을 처음 알게 된 때는 지난 봄이었습니다. 그는 아내와 함께 제가 운영하는 온라인 자기계발 커뮤니티 '나인해빗'에 가입해 활발하게 활동했습니다. 온라인상에서 함께 강의도 하고 독서 모임도 하고 이따금 강의장에서 만나 인사를 나누기도 하였지요.

그가 수만 명의 구독자를 거느린 유명 재테크 유튜버라는 사실은 나중에야 알았습니다. 언젠가 함께 운동을 하고 난 뒤 그에게서 유튜브를 시작하고 성장시켜 온 스토리를 듣게 되었습니다. 그때 참 감동적이었습니다. 그가 어떻게 공기업을 다니면서 유튜브 활동을 지속해 왔는지, 포기하고 싶었던 그 많은 순간을 어떻게 견뎌 왔는지 알 수 있었기 때문이죠. 그는 참 대

단한 청년이었습니다. 일단 한 번 마음먹으면 해내고야 마는 그의 뚝심이 아주 마음에 들었습니다.

이 책에는 자본주의를 살아가면서 가져야 하는 삶의 태도와 경제적 마인드의 중요성이 잘 담겨 있습니다. 험난한 자본주의의 바다에서 지금 당장 활용할 수 있는 보석 같은 재테크 노하우도 가득하고요. 현재 30대 초반인 저자가 사회 초년생으로서 겪은 다양한 경험과 인사이트를 재미있게 잘 표현한 책이므로 2030 직장인들이 재테크 입문용으로 읽으면 매우 좋을 것입니다. 특히 갈수록 척박해지는 시대적 환경 앞에 좌절하고 있는 젊은이라면 이 책을 통해 많은 위안과 희망을 얻게 될 것이라 생각합니다.

본문 내용 중에 저자가 직장 생활을 하면서 유튜브를 잘 키워온 비결은 다름 아닌 실행력, 꾸준함, 오기, 소통, 약속을 지키는 마음이었다고 말하는 대목이 나옵니다. 참으로 맞는 말입니다. 하늘에서 뚝 떨어지는 대단한 성공 비결 따위는 없습니다. 그저 우리 모두가 알고 있는 보편적인 성공의 원리를 누군가는 묵묵히 실행해 나가고 누군가는 그렇지 않은 길을 걸어갈 뿐이죠. 제가 아는 저자 장성원은 무섭도록 성실하게 자신과의 약속을 지켜가고 있는 사람이기에 그의 밝은 앞날이 크게 기대됩니다.

여러분도 이 책을 통해 진정한 경제적 자유의 의미에 대해 다시 한번 생각해 보시길 바랍니다. 그리고 여러분의 삶도 가만히 돌아보길 바랍니다. 자본주의 사회에서 나와 내 가정을 지킬 수 있는 것은 결국 나 자신밖에 없습니다. 부단히 공부하고 도전하고 실행할 일입니다. 묵묵히, 그러나 멈추지 말고 말이죠. 건투를 빕니다.

2030부터 직원으로만 살지 마라, 그래야만 3040에 경제적 자유인이 될 수 있다

_정스토리(정선용) 《아들아, 돈 공부해야 한다》 저자

이 책의 저자는 사회 초년생 시절부터 월급에만 의지하는 직장인으로 살지 않았습니다. 대단한 경제적 통찰을 가진 사람이죠.

사실 직장인의 삶은 안주하기 딱 좋은 조건을 가지고 있습니다. 직원으로 살면 얻을 수 있는 매력이 있기 때문입니다. 월급과 명함, 그리고 인맥. 이 세 가지는 월급쟁이가 끊을 수 없는 달콤한 유혹입니다.

첫째, 매달 따박따박 나오는 '월급'. 얼마나 좋습니까, 이번 달에도 다음 달에도 꼬박꼬박 월급이 나오니까요. 직원으로 있는 동안에는 돈 걱정 없이 살아갈 수 있습니다. 그래서 따박따박 나오는 월급에 마약처럼 중독되기도 합니다. 그러나 직장은 언젠가 퇴직해야만 하는 끝이 명확한 게임입니다.

50세 퇴직 이후 30년 가까운 시간을 살아가려면 '월급'이 아닌 소득 수단이 필요합니다.

둘째, 사회적 지위가 되는 '명함'. 대부분의 사람은 자기가 어떤 존재인지 명함 없이는 설명하지 못합니다. 즉, 직원이 사회에서 스스로 사회적 가치를 증명하는 수단은 명함이죠. 그러나 그렇게 증명된 사회적 가치는 명함에 새겨진 소속 회사와 그 회사가 부여한 직함이지, 본인의 이름 그 자체가 아닙니다.

셋째, 사람들과 연결된 인적 네트워크인 '인맥'. 직장에 다닐 때는 주변에 사람이 많습니다. 그들과 교류하면서 튼튼한 인맥을 가지고 있다고 생각하죠. 그러나 퇴직의 순간에 그 인맥의 99%가 사라집니다. 결국에 남는 것은 직원으로 맺어진 인맥이 아니라 사람 대 사람으로 만났던 진정한 인맥입니다. 진정한 인맥은 직장의 인적 네트워크망에 없습니다. 사람으로 만났던 사람의 관계망 속에 있습니다.

우리는 퇴직하면 이 모든 사실을 다 깨닫게 될 것입니다. 그러나 그때는 이미 너무 늦은 뒤입니다. 우리가 직장을 다니면서 월급, 명함, 인맥의 허상을 깨닫기는 쉽지 않습니다. 그런 의미에서 이 책을 사회 초년생인 2030 직장인이 꼭 읽어보길 바랍니다. 직장에서 월급을 받고 돈 관리를 하며 어떻게 현실 경제 감각을 가지고 살아갈 수 있는지 깨달을 수 있는 책입니다.

경제적 자유를 꿈꾸는 여러분에게, 저자는 말합니다.

"2030부터 직원으로만 살지 마라, 그래야만 당신은 3040에 경제적 자유인이 될 수 있다."

5년 동안 20억 벌고
월급 독립했습니다

'이 압류물을 처분하거나 이 표목을 파괴하는 자는 형벌을 받을 것이다.'

15살, 중학교 2학년. 어느 추운 날 우리 집 곳곳에 빨간 딱지가 덕지덕지 붙었다. 사춘기가 시작될 무렵 갑자기 닥쳐온 가난 앞에 어린 시절의 추억은 얼굴도 내밀지 못한 채 끝났다. 누울 자리를 보고 누우라고 했던가? 당시 자가에서 월셋집으로 이사한 것도 모자라, 빨간 경고문이 붙은 우리 집에서 아니, 주인집에서 내 응석을 받아줄 사람이 없다는 사실을 본능적으로 깨달 았다.

인정머리 하나 없는 빨갛고 차디찬 종이의 엄포는 내게 돈이 무엇인지, 자본주의 사회가 어떤 곳인지 혹독히 알게 해준 첫 스승이었다. 그때부터였을까? 내가 경제적 자유를 꿈꿨던 것이. 이 사건이 계기가 되었을까? 내가 30대 초반에 20억 원의 자산 을 일군 원동력이.

아니, 전혀. 현실은 드라마와 달랐다. 날 선 경고문은 나의 자 존감을 지하 끝까지 끌어내리기 충분했고, 나는 일순간 부정적 기운이 가득한 사람이 되었다. 친구들과 어울리는 것조차 내게 는 자격이 없다고 생각되었다. 스스로 못난 놈이라고 자학해서 거울을 보지 않은 채 학창 시절을 보냈다. 학업에 아쉬움이 남 아 재수 비용을 벌기 위해 야간 아르바이트를 했으나, 수능이 끝 나고 자유와 뒤바꾼 200만 원은 재수를 위한 생활비로 턱없이 부족했다. 가장 안타까운 점은 세상을 삐딱하게 바라보고, 지금 은 내 롤 모델로 생각하는 부자들을 공공의 적으로 생각했다는 것이다. 그렇다. 시간이 지날수록 경제적 사정은 더 힘들어졌고, 그럴수록 나는 땅굴을 파고 들어가 세상을 겨냥하며 혐오했다.

갑작스러운 가난이 찾아온 지 4년째 되던 어느 날 밤, 어머니와 주황색 가로등만이 켜져 있는 적막한 밤길을 걷고 있었다.

"엄마, 차라리 전쟁이 나면 좋겠어. 부자들이 다 가져가니까 우리가 열심히 살아도 나아지지 않잖아."

어머니는 놀란 기색을 애써 숨기며 말을 꺼냈다.

"꼭 그렇지는 않아. 우리도 열심히 살면 다시 잘살 수 있어."

어머니의 힘 없는 목소리는 찬 공기를 메웠고, 따뜻한 가로등만이 우리를 위로할 뿐이었다. 그 밤길은 한 달에 20만 원이라도 더 벌어보겠다고 야간에 일하러 나간 우리 가족의 생명 길이었고, 공부가 유일한 가능성이라고 믿었던 나의 희망 길이었다.

지금까지 인생의 동반자에게도 말하지 않은, 숨기고 싶었던 기억을 끄집어낸 이유는 분명하다. 내 유년 시절은 남 부럽지 않게 유복했고 집안도 화기애애했다. 소년 시절의 집은 가난했으며 집안에 희망 없는 냉기만 가득했다. 그러나 30대 초반의 청년인 지금은 다양한 기회를 가져다주는 파이프라인 구축으로 짧은 시간에 20억 자산을 만들었다.

유복했던 기억, 빈곤했던 경험을 모두 머금은 채 그 과정에서 돈에 관한 다양한 경험을 해오며 생각했다. 현재 경제적 상황이 좋지 않은, 특히 'N포 세대'라며 좌절하는 2030세대에게 내 경험과 노하우를 공유해 희망의 메시지를 건네고 싶다고. 그것이 이 책을 쓰게 된 첫 번째 이유다.

가난했던 소년 시절, 나에게 돈은 이런 존재였다.
돈, 가족의 불행을 초래하는 것.
돈, 나의 꿈을 좌절시킨 것.
돈, 의사 결정을 할 때 제일 앞에 서서 가로막고 있는 것.

30대 초반인 현재, 나에게 돈은 이런 존재다.
돈, 가족의 행복을 지켜주는 것.
돈, 나의 꿈과 새로운 도전을 열렬히 응원해 주는 것.
돈, 의사 결정에 앞서 후순위로 고려하는 것(첫째는 가족).

돈이 인생의 전부는 아니라지만, 돈의 필요성을 깨닫고 이 책을 펼친 여러분은 이미 알고 있다. 돈을 훌륭한 수단으로 활용하면 삶이 윤택해진다는 사실을 말이다.

그러기 위해서는 돈을 대할 때 '어떻게 쓸지' 생각하기보다 '어떻게 모으고 굴릴지'를 먼저 떠올려야 한다. 돈에 대한 관점을 바꾸면 삶의 방향이 바뀐다.

그 생각을 토대로 나는 재테크 초기에 절약만으로 종잣돈을 만들었고, 경제적 자유를 그리는 유튜브 '절약왕TV'를 운영하게 되었으며, 본문에서 소개될 전략과 투자법으로 수익을 얻고 있다. 그뿐만이 아니다. 가장 중요한 것은 비관적이었던 나 자신이 크게 바뀌었다는 사실이다. 지금은 수많은 기회를 놓치지 않고 주체적인 삶을 선택하고 있다. 내가 하는 일은 결국 잘될 거라는 확신이 생긴 덕분이다.

이 책에는 재테크 방법을 모르는 사회 초년생부터 열심히 일해도 돈이 안 모이는 직장인, 그리고 요즘 유행이라는 투자와 N잡에 뛰어들었지만 도통 수익을 못 내는 분들을 위한 가이드와 정보가 순차적으로 담겨 있다.

공기업을 다니며 200만 원가량의 월급으로 시작한 재테크와 파이프라인 만들기가 순항하고, 퇴사까지 이르게 되며 절실히 깨달은 사실이 있다. 절약은 단순히 돈 아껴 쓰기가 아닌 돈 관리의 개념이라는 것, 모두가 '레드오션'이라고 부르는 N잡과 투자법에도 아직 기회가 있다는 것, 오늘의 '좋은 투자'가 내일의 '나쁜 투자'로 변할 수 있다는 것 등 직접 경험하지 않으면 깨달기 힘든 생각들을 이 책에 차곡차곡 눌러 담았다. 나는 20억 원을 달성해 월급 독립을 했지만, 이 책을 읽은 당신은 나보다 더 빨리 월급으로부터 독립할 수 있을 것이다.

투자계의 구루들이 있지만, 현재 한국 사회를 살아가는 이들을 위해서는 요즘 투자자의 현장감 넘치는 요즘 재테크 노하우가 필요하다. 시중의 많은 재테크 도서에서 느낄 만한 아쉬움을 해결하기 위해 이 책은 다음과 같은 책으로 탄생했다.

하나, 솔직담백하다.

나의 퍼스널 브랜딩을 위해 과장이나 거짓말을 하지 않았다. 조금 알면서 다 아는 것처럼 꾸미지 않았고 내 경험으로 얻은 인사이트가 아닌 사실은 최대한 배제했다. 당신이 시행착오를 겪지 않았으면 하는 마음에서 나의 성공과 실패를 가감 없이 드러냈다. 솔직한 경험담이 당신의 경제적 자유를 위한 길을 단단히 할 것이라 믿기 때문이다.

둘, 아끼지 않았다.

출간 후 강의를 위한 이야깃거리를 의도적으로 숨기지 않았다. 나에게 축적된 노하우와 인사이트를 있는 그대로 드러냈다. 앞으로도 계속 재테크와 관련해 도전하고 공부할 것이기에 새로운 노하우와 인사이트를 얻을 수 있을 것이다. 그것으로 강의를 하면 충분하다.

셋, 뻔한 책이 아니다.

인터넷에 검색하면 나오는 정보 위주의 실용서가 아니다. 나에게 책은 '삶의 스파크'다. 내가 출간하는 책을 통해 뻔한 이야기가 아닌 진실한 이야기로 다른 이들에게 강력한 스파크를 튀기고 싶다.

책을 집필하며 독자의 예상 반응을 특히 염두에 두었다. 다양한 반응이 있을 수 있겠지만, 이 책의 마지막 장을 읽은 독자에게 꼭 듣고 싶은 피드백이 있다. 내가 설렘을 가득 안고 읽은 책의 마지막 장을 덮었을 때 머릿속에 떠오른 문장이다.

"지금은 괴롭지만 힘을 얻어 다시 시작해 보겠습니다."
"작가의 진심이 가득해서 에너지가 그대로 전달되네요."

지금 모니터 하단에 나의 중학생 때 사진이 붙어 있다. 부정적인 기운이 가득한 사진 말이다. 그 사진을 보며 과거의 나에게 말을 걸듯이 이 책을 써 내려갔다. 그 당시 내가 들었으면 삶이 변화했을 그런 이야기를 적기 위해서다.

출판사와 첫 미팅을 했던 때가 떠오른다. 출간한 책을 중고 서점에서 찾기 어려웠으면 좋겠다고 말했다. 한번 훅 훑어보고 가치가 없어 중고 서점에 판매한 책이 아닌, 두고 간직하며 힘이 되는 그런 책이 되길 바라는 마음이었다. 베스트셀러보다 스테디셀러인 책. 집필을 기획할 때부터 지금까지 그런 책이 되기를 꿈꾸고 있다. 나의 진심이 부디 전해져 이 책으로 당신의 안에 잠들어 있던 씨앗이 싹트기를 바란다.

15살, 중학생이었던 나를 바라보며

장성원

차 례

Chapter 1 특명, 자본주의에서 살아남기

Chapter 2 90년생 월 200 직장인, 현금 1억 모으기

Chapter 5 나만의 경제적 자유 지도 그리기

특명,
자본주의에서
살아남기

To. 돈 공부를 시작하려는 당신에게

여러분이 이 책을 선택한 이유는 분명할 겁니다.

이번 달 월급을 아껴서 샀든,

도서관의 서가에서 발견했든,

얻고자 하는 바는 같을 거예요.

바로 '경제적 자유'.

자수성가한 사람의 성공담에는 클리셰가 있습니다.

"운이 좋아 성공할 수 있었어요"라는 말.

혹시 이렇게 생각했나요?

'봐! 인생은 운발이야. 괜히 운칠기삼이라는 말이 있는 게 아니지!'

'운칠기삼.'

성공에 있어 운이 70%이고 재주가 30%라는 의미입니다.

그러나 운칠기삼이라는 단어는

성공한 자만이 쓰는 겸손한 사자성어일 뿐이죠.

그들의 과거를 파헤쳐 보면

누구보다 최선을 다했다는 사실을 알 수 있습니다.

월드클래스 축구선수 손흥민의 발은 울퉁불퉁하게 변했고,
피겨 퀸 김연아의 발은 성할 날이 없었습니다.
마찬가지로 책 속에서 만나는 경제적 자유인도 고통을 감수했죠.

운칠기삼은 운이 좋아서 성공한다는 뜻이 아닙니다.
운칠기삼의 진정한 의미는 재주를 갈고닦기 위해 최선을 다하면
그 이상의 운을 끌어당긴다는 뜻입니다.

1평짜리 복권방에 줄을 서서
로또 1등의 행운을 꿈꾸는 사람과
인생은 마음먹기에 달려 있다고 생각하며
매일 최선을 다하는 사람 중
누가 경제적 자유에 안전하게 도달할 수 있을까요?

운칠기삼에 대한 새로운 시각.
자본주의를 이해하기 위한 시작이자
경제적 자유를 위한 첫 인사이트입니다.

자본주의는
원래 불평등하다

"난 월세를 다 냈다고!"

영화 〈빅쇼트〉 속 대사다. 〈빅쇼트〉는 2008년 세계금융위기
를 배경으로 하여 당시 긴박한 상황을 그대로 보여준다. 인터넷
에 보이는 영화 후기의 대부분은 사이언자산운용 창립자 마이
클 버리의 천재적인 투자 감각에 집중해 있지만 내 뇌리에 남는
장면은 저 대사 하나뿐이다.

이 장면에서 집주인의 주택 담보 대출 상환 능력이 부실하다는 사실을 알게 된 세입자는 월세를 다 냈는데 왜 쫓겨나는 건 본인이어야 하는지 격앙된 모습이다. 테이프를 돌려 영화 후반부, 세입자 가족은 20년은 족히 되어 보이는 자동차 하나에 의지한 채 떠돌이 신세가 된다.

사실 대출 상환 능력이 없는 사람은 집주인이다. 세입자는 따박따박 월세를 지불했다. 그러나 그 내상은 세입자가 온몸으로 입었다. 본인뿐만이 아닌 가족까지.

어떠한가? 자본주의는 공평하다고 생각되는가, 불평등하다고 생각되는가?

가장 먼저 기억해야 할 것

어떤 사람은 부자 부모를 만나 막대한 유산을 상속받는다. 반면 다른 이는 열심히 공부하며 인생을 바꿔보려 해도 학자금 대출이라는 졸업 선물을 안고 사회에 나온다. 누군가는 아파트 투자로 수억 원의 시세차익을 얻고 또 다른 이는 수십 년 동안 성실히 일해도 빌라 한 채를 사지 못한다.

무슨 생각이 드는가? 나는 한때 '부자들은 나쁜 사람'이고, '부를 공평하게 분배해야 한다'고 생각했다. 당신은 어떤가? 과거의 나처럼 생각하는가? 만약 당신이 수년째 취업 준비를 하는 중인데 친구가 아버지 사업을 이어받는다고 하면 무슨 기분이 드는가?

그렇다. 자본주의는 불평등하다. 자본주의 사회에서는 무조건적인 성실함, 선함이 성공을 보장해 주지 않는다. 성실함의 끝에는 성공이 기다리고 있다는 말은 반은 맞고 반은 틀리다. 성실하게 일해도 자본주의 시스템을 잘 모르면 그 끝에 패배만 있을 뿐이다. 가진 사람이 더 많은 부를 쌓고 가난한 사람은 더 가난해지는 것이 자본주의의 숙명이다.

불평등하니 이 사회를 바꾸자는 혁명적인 이야기를 하는 게 아니다. 특정 정치 집단이나 부자들을 탓할 일도 아니다. 불평등은 자본주의 이전부터 이어져왔다. 원시 사회도 불평등했다. 힘 있는 족장은 곡물, 가축, 심지어 사람까지 전부 가졌다. 시대가 바뀌어 그 불평등의 대상이 돈이 되었을 뿐이다. 어차피 죽을 때까지 계속될 불평등이니 이쯤 되면 받아들이는 게 어떨까? 이 사실을 받아들이는 것이 경제적 자유로 향하는 첫걸음이다.

돈이 돈을 버는 '복리의 힘'은 아인슈타인이 인정한 세계 8대 불가사의다. 자본주의가 지속될수록 부의 양극화는 심화될 수밖에 없다. 돈이 있는 사람은 더 좋은 조건으로 새로운 투자나 사업을 할 수 있다. 은행의 대출 심사 기준도 결국 일정 수준의 돈이 있어야 하기 때문이다.

당신이 은행원이라면, 자산이 10억 원인데 2억 원을 대출받으려는 사람과 자산이 1억 원인데 2억 원을 대출받으려는 사람 중 누구에게 대출 승인을 해주고 싶은가? 돈이 있는 사람은 좋은 조건으로 대출을 받아 투자 레버리지(지렛대. 부채를 활용해 투자 수익률을 높이는 것을 의미)로 활용한다. 적절한 투자를 했다면 돈이 수익을 낸다. 이게 바로 돈이 돈을 버는 자본주의 시스템이다.

그다음으로 기억해야 할 것 ─────────────

영화 〈빅쇼트〉를 보고 아내와 자본주의에 대해 이야기를 나눴다. 아내는 우리가 부자가 되면 다른 사람은 가난해지니 먹고 살 만큼만 가져야 한다고 말했다. 그러나 내가 욕심을 줄인다고 다른 사람도 같은 마음일까? 인간의 욕심으로 굴러가는 자본주의 사회에서 그럴 일이 만무하고, 무엇보다 자본주의는 한 사람이 부를 쌓는다고 해서 다른 사람이 가난해지는 게임이 아니다.

'보이지 않는 손'으로 유명한 경제학자, 자본주의의 아버지 애덤 스미스는 말했다. "우리가 저녁 식사를 할 수 있는 것은 푸줏간 주인이나 빵집 주인의 자비심이 아니라 이기심 덕분이다." 초등학생 때 분명히 배웠다. 우리가 먹는 쌀은 농부의 구슬땀이 있었기에 생겨났으니 감사해야 한다고. 우리가 먹는 빵은 빵집 주인의 노력이 있었기에 먹을 수 있었다고. 그러나 농부와 빵집 주인의 노력도 실은 자신에게 이롭기 때문에 하는 행위이다.

지금까지 지녀온 가치를 다 잊고, 돈을 벌기 위해 오로지 자신의 이익만 추구하자는 이야기가 아니다. 생각보다 많은 사람이 '이타심'을 지니고 살아가고자 한다. (나도 그렇다.) 현실적으로 자신을 위한 이득도 필요하지만, 불평등한 자본주의의 원리를 그대로 답습해서 자본을 모르는 자를 비웃으며 살고 싶지 않은 사람도 있는 것이다.

그렇다면 이런 방법은 어떨까? 경제적 자유를 이뤄서 어려운 사람을 돕는 것이다. 나의 사명은 '자본주의 사회에서 꿈을 잃지 않는 세상을 만드는 것'이다. 이처럼 자신만의 장기적인 비전을 가져보는 건 어떨까? 그렇다면 부를 이루면서도 불평등을 대물림하지 않을 수 있다. 자본주의 시스템을 악용하는 일부 세태에 휩쓸리지 않고 이롭게 활용할 수 있다는 뜻이다.

누군가는 '자기가 돈을 벌고 싶으면서 남을 돕겠다는 명분을 내세운다'라며 비난하기도 한다. 그러나 자신이 먼저 올바로 서야 진정한 나눔도 가능하다. 비행기가 이륙하기 전, 안내 방송이 흘러나온다. 그중 하나는 '비상 상황 시 구명조끼 착용법'이다. 승무원은 친절한 목소리로 설명한다. 본인부터 구명조끼를 착용한 후 자녀나 타인을 신경 쓰라고 말이다. 이렇듯 본인의 경제적 안정이 있어야 더욱 뜻깊은 나눔을 할 수 있다.

미국의 심리학자인 리처드 칼슨은 "행복의 비결은 세상이 불공평하다는 것을 깨닫는 데 있다"라고 말했다. 자본주의를 무조건 '불공평하다'고 생각하기 전에 그 사실을 인정하고 자본을 활용하면, 경제적 자유를 이루고 돈보다 소중한 가치관을 지킬 수 있다.

영화 〈빅쇼트〉의 마지막 장면 속 세입자 가족의 풍경이 몽글 몽글 떠오른다. 아무것도 모르는 5~6살짜리 아이의 천진난만한 웃음소리와 자녀를 바라보며 서로 부둥켜안은 채 위로하는 부부의 모습이. 이것이 바로 자본주의의 진짜 모습이다. 받아들일 것은 받아들이고, 이 시스템을 어떻게 활용하면 좋을지 배워가야 한다.

자본주의는 불평등하다.
어쩔 수 없는 '팩트'다.
부디 불평불만을 멈추고 받아들이자.
그리고, 지금부터 자본을 현명하게 활용하자.

'부자'와
'경제적 자유'의 차이

"…?"

상당수는 이 글의 제목을 보고 이런 반응이었을 것이다. 흔히 부자와 경제적 자유를 동일시하기 때문이다. 부자의 사전적 정의를 보면 '재물이 많아 살림이 넉넉한 사람'을 말한다. 반면, 경제적 자유는 '자기 의지로 행동하면서 경제 활동을 할 수 있는 자유'를 뜻한다.

흔히들 '부자'와 '경제적 자유'를 혼동해 사용하지만 이렇듯 전혀 다른 개념이다. 부자는 말 그대로 돈이 많은 사람이고, 경제적 자유는 부자보다는 재산이 적을 수 있지만 자신의 삶을 영위할 수 있는 경우이다.

여기서 묻겠다. 당신은 부자를 꿈꾸는가, 경제적 자유를 꿈꾸는가? 두 개념을 분명하게 이해하고 선택해야 한다. 이에 따라 당신의 로드맵이 바뀌기 때문이다.

여기까지 읽으며 당신은 부자라는 단어를 찾기 힘들었을 것이다. 그렇다. 나는 부자가 아닌 경제적 자유를 꿈꾸며 목표를 70% 가까이 달성했다. 만약 부자가 되기를 원했다면 다른 로드맵을 그렸을 것이다. 부자라는 목표를 가졌다면 목표 달성 시기가 늦어지고 더 큰 대가가 필요하다. 나는 나의 가치관, 우선순위에 따라 경제적 자유라는 목표를 정한 것이다.

50억, 100억 부자가 되어 떵떵거리며 슈퍼카를 끌고 다니는 것보다 적정한 부를 추구하며 가족과 함께하는 시간이 나에겐 더 중요하다.

만약 부자를 추구한다면 더 많은 시간을 투자해야 한다. 더 큰 리스크를 짊어져야 한다. 경제적 자유 수준이면 행복한 삶을 영위하기 충분하기에 나는 '부자' 대신 '경제적 자유'를 택했다.

그리고 그 목표를 3년 내에 이룰 것이다.

당신은 부자를 원하는가, 경제적 자유를 원하는가? 쉽게 답하기 어려울 것이다. 목표 자산이 얼마인지 모르기 때문이다. "얼마만큼의 부를 추구하나요?"라고 물어보면 추상적으로 대답한다. "50억? 아니 100억 정도는 있어야 한강뷰 아파트도 사고…."

다시 묻겠다. "당신의 목표 자산은 얼마인가?" 인터넷 검색창을 켜고 자판을 두드릴 필요도, 주변인에게 물어볼 이유도 없다. 당신만의 목표 자산이니까 오직 당신만 아는 것이다. 사람마다 라이프 스타일이 다르며 무엇으로 행복을 느끼는지는 천차만별이다. 따라서 목표 자산이 동일할 수 없다. 목표 자산을 세우고, 그 수준에 맞게 '부자'인지 '경제적 자유'인지 택해서 로드맵을 세워야 한다.

로드맵이라고 해서 거창한 게 아니다. 어떻게 그 목표를 달성할지 연도별로 계획을 세우면 된다. 번거롭게 생각하지 말았으면 좋겠다. 절약하는 법, 소득 높이는 법, 투자 잘하는 법을 알기 전에 가장 먼저 당신만의 목표 자산을 세워야 한다.

당신은 부자를 꿈꾸는가, 경제적 자유를 꿈꾸는가?

당신의 가치관은 무엇이고 삶의 우선순위는 무엇인가?

당신의 목표 자산은 얼마인가?

그 어떤 것보다도 앞서 답해야 한다.

돈이 얼마나
많아야 행복할까?

돈과 관련해 자주 언급되는 논쟁이 있다.

'돈이 행복을 보장해 주지 않는다.'

vs

'돈이 있어야 행복하다.'

전자에 동의하는 사람은 이렇게 주장한다. "빌 게이츠나 제프 베조스를 봐. 돈이 많아도 이혼하잖아." 반면 후자는 모든 문제의 출발이 돈에서 시작한다고 말한다. 자본주의 역사가 시작된 이래로 100년 넘게 끊이지 않는 단골 화두다.

돈이 없는 서러움을 겪고 일정 자산을 쌓은 나는 후자에 서고 싶다. 물론 부자 중에 불행한 사람도 존재한다. 그러나 불행한 부자들이 생기는 것은 돈만 좇아서 발생한 결과다. '돈, 돈' 거리는 삶이 돈밖에 모르는 괴물로 만든 것이다. 이들은 돈의 유무와 상관없이 돈을 좇는다. 돈 자체가 사람을 변하게 만든 것이 아니다.

반면 부를 추구하며 삶의 방향을 유지하는 사람은 억만장자가 되어도 행복하다. 여기서 삶의 방향은 '내가 경제적 자유를 이뤄야 하는 이유', '경제적 자유를 이루고 나서의 계획'을 말한다. 나의 경우 '가족과 오랜 시간 보내기'가 삶의 중요한 부분이다. 따라서 삶의 방향도 가족에 맞춰져 있다.

가정이 파탄 난 부자의 경우 부를 쌓는 과정에서 가족과 소홀해졌을 가능성이 높다. 이는 돈 때문에 가족 관계가 나빠진 게 아니라 '부'만을 위해 달려서 그렇다. 즉 "돈이 괴물을 만든다", "돈이 불행을 초래한다"는 말은 그 결과만 놓고 본 것이다.

한편 누군가는 인생에서 돈은 생각보다 중요하지 않다고 말한다. 그 사람들에게 묻고 싶다. 회사에 다니기 싫어하면서 왜 다니고 있는지, 할인 쿠폰이 생기면 왜 그렇게 좋아하는지, 옷을 사기 전에 왜 가격 비교를 하는지, 로또 당첨이 되기를 왜 간절히 바라는지…. 이 세상 문제의 99%가 돈에서 출발한다. 부부 불화의 큰 원인도 돈이고, 범죄 동기도 많은 경우 돈이다. 심지어 부자들의 이혼에서 종종 보이는 재산 다툼도 결국 돈이 원인이다. (감정싸움도 일부 있을 것이다.)

물론 왼쪽 아래에서 오른쪽 위로 상승하는 그래프처럼 돈과 행복이 무조건 정비례한다고는 생각하지 않는다. '이스터린의 역설'에 따르면 소득이 일정 수준을 넘어가면 행복은 더 이상 증가하지 않는다고 한다. 자산이 100억 원 있는 사람과 1,000억 원 있는 사람 중 누가 더 행복할까? 100억 원의 부자? 1,000억 원의 슈퍼부자? 아니, 정답은 없다. 그들은 이미 일정 수준의 부를 쌓았고 호화롭게 살고 있다. 결국 행복의 크기는 '인생을 어떻게 살고 있는가?'로 판가름 날 것이다.

그렇다면 이쯤에서 궁금할 것이다.

"도대체 얼마만큼의 돈이 있어야 행복할까?"

이스터린의 역설과 수많은 연구 결과가 증명하듯 적정선의 소득을 넘길 때 행복이 증가하지 않는다면, 그럼 우리는 일정 수준의 돈만 있으면 행복하다고 말할 수 있는가?

이것도 아니다. 사람마다 라이프 스타일, 가치관이 다르다. 누구는 샛노란 람보르기니를 소유해야 행복이라고 말하고 다른 사람은 가족과 함께하는 따뜻한 밥 한 끼가 행복이라고 말한다. 즉, '케바케(케이스 바이 케이스)', '사바사(사람 바이 사람)'이다.

그러나 여기서 중요한 사실. 우선 돈이 있어야 우리는 저마다의 행복을 느낄 수 있다. 무엇보다 돈과 행복의 상관관계를 역설한 이스터린의 주장에서도 '돈'과 '행복'은 결국 우상향하는 비례 관계이다.

리조트에 가면 뷰에 따라 추가 요금을 지불해야 한다. 마운틴 뷰와 오션뷰는 기본 2~3만 원 더 비싸다. 그 돈으로 산신령과 용왕에게 안전한 여행을 기원하는 제사를 지내는 것도 아닌데 우리는 당연히 추가 요금을 지불한다. 워터파크에 가면 어떤가? 입장료를 냈어도 선베드 비용은 별도다. 돈이 인생의 전부

가 아니라고 하지만 인생의 대부분에 영향을 미치는 것이 사실
이다.

결국,

돈이 불행을 초래한다는 건 거짓이다.

돈이 행복에 기여한다는 건 진실이다.

돈이 많을수록 행복하다는 건 진실이 아니다.

돈이 자본주의에서 중요하다는 건 팩트다.

'안정적인 직장'의 모순

　나는 자타공인 안정적인 직장을 6년째 다니고 있다. (책이 출간될 즈음 나 자신을 해고했을 것이다.) 가난하고 불안했던 경험이 있었기에 안정적인 직장만 선호했다. 삶에 희망이 없어 "차라리 전쟁이 나서 세상이 뒤집어졌으면 좋겠어"라고 말해 어머니의 가슴에 비수를 꽂을 정도로 못나기도 했다. 경영학도였지만 경영학과 진로의 꽃인 금융권 취업을 쳐다보지도 않았다. (당시 은행원의 수명이 40대에 끝난다는 이야기가 있었다.) 그저 따박따박 나오는 월급이 좋을 것 같아서, 그리고 정년까지 회사에 다니는 삶이 직장인의 최고 미덕이라 생각해서였다.

나는 공기업을 다닌다. 그 누구도 '안정'을 부인할 수 없는 신의 직장 말이다. 어떤 이들은 이렇게 생각할 수 있다. '와, 정년까지 보장되는 공기업이라니. 부럽다!' 왜 그렇게 생각할까? 아마 만 60세까지 안정적인 월급을 받는다고 생각해서가 아닐까? 뭐, 워라밸Work-Life Balance(일과 삶의 균형)도 하나의 이유가 되겠다.

여기서 자본주의의 돋보기를 가까이 가져가 보자. 첫 번째 질문. 모두가 말하는 안정적인 직장은 과연 '안정적'인가? 표면적으로 보면 안정적일 수 있다. 만 60세까지 꾸준히 월급이 나오기 때문이다. 다만 예기치 못한 사고가 있거나 회사가 파산하는 경우에는 불안정해진다.

그렇다면 두 번째 물음. 안정적인 직장은 '안전'할까? 그렇지 않다. 안전의 사전적 의미는 '위험이 생기거나 사고가 날 염려가 없음. 또는 그런 상태'를 뜻한다. 안정적이기에 오히려 불안한 곳이 직장이다. 월급이 규칙적으로 나오고 정년을 보장하니 오직 직장이라는 세상만 알고 기대기 때문이다.

그렇다. 흔히 말하는 안정적인 직장은 불안하다. 그 속에서 우리는 끓어가는 물속의 개구리가 된다. 정년까지 약 30년 동안 월급이 보장되고, 급여를 믿기 때문에 저축의 필요를 잘 모를 수 있다. 또 문제만 일으키지 않는다면 만 60세까지 다닐 수 있다고 믿기 때문에 저축과 자본 소득을 경시하기도 한다.

이는 자본주의에 있어 위험한 발상이다. 돈을 모으고 종잣돈을 만들어 투자의 결실을 본 사람은 불안정한 직장에서도 '안전'하다. 반면 저축도 하지 못하는 사람에게는 안정적인 직장에서도 불안전한 미래가 기다릴 뿐이다. (종잣돈의 중요성에 대해서는 Chapter 3에서 더 상세히 다룰 예정이다.)

개미가 과자 부스러기 모으듯 정년까지 찔끔찔끔 모은 저축액과 국민연금으로 노후를 준비하는 계획도 좋다. 그러나 그 누구도 인생이 어떻게 흐를지 모른다. 잊지 말아달라. 회사가 통폐합되며 직장을 잃을 수도, 예기치 못한 사고나 가정사로 직장을 다니지 못할 수 있다는 사실을.

나도 취업 준비생 때는 공직자가 되면 인생이 편할 줄 알았다. 따라서 공무원에 목을 매는 취업 준비생의 마음을 이해한다.

그러나 확실히 말하자면 공무원이나 공기업이 파라다이스는 아니다. 회사만 열심히 다니면 부자는 아니더라도 중간은 갈 거라고 생각하지만 가만히 있으면 중간도 못 가는 것이 현실이다. 여기서 오해의 여지가 있어 한 가지 강조하자면, 나는 퇴사를 권하는 게 아니다. 회사라는 울타리 안에서 자립할 수 있는 자생력을 기르고 마음을 단단히 먹으라는 것이다. 주기적으로 받는 먹이(월급)에 눈만 깜빡거리지 말고 투자든 N잡이든 눈을 떠야 한다. 누가 아는가? 당신에게 세상을 놀라게 할 재능이 숨겨져 있을지. 그 재능이 뻥 뚫린 경제적 자유의 길로 안내해 줄지.

베스트셀러 저자인 스티븐 코비는 "가장 큰 위험은 위험이 없는 삶"이라고 말했다. 그리고 철학자 괴테는 이렇게 말했다.

"배는 항구에 정박해 있을 때 가장 안전하다. 그러나 그것이 배의 존재 이유는 아니다."

그러므로 현실에 안주하지 말고 안전지대를 벗어날 준비를 해야 한다. 물론 그 과정이 쉽지만은 않겠지만 큰 보람이 기다릴 것이다. 헤르만 헤세의 소설 《데미안》에는 이런 구절이 나온다.

"새는 힘겹게 투쟁하여 알에서 나온다. 알은 세계다. 태어나려는 자는 한 세계를 깨뜨려야 한다."

안정적인 직장은 안정적일 수 있다.

그러나 안정적인 직장만 믿는 삶은 불안함 그 자체다.

당신은 '안정적인 회사'를 다니는가?

여기에 안주한다면 장밋빛 미래는 기대하지 말자.

당신은 '불안정한 회사'를 다니는가?

결핍을 알고 준비하면 장밋빛 미래가 당신을 기다릴 것이다.

확실한 경제적 자유 계산식

경제적 자유를 이루기 위해 무엇이 필요할까?

나는 크게 네 가지로 나눈다.

절약(저축), 직장(사업) 소득, 콘텐츠 투자 소득, 그리고 투자.

    경제적 자유를 위해 풍족한 돈이 필요하다. 그러려면 돈을 불려야 한다. 이를 위해서는 '성공적인 투자'가 필요하다. 그럼 투자의 종잣돈은 어디서 날까? 당연히 돈을 열심히 벌어야 한다. 그리고 그 돈을 허투루 쓰지 말고 절약해야 한다. 여기서 하나

더, 나는 콘텐츠 투자 소득을 강조하고 싶다. 직장(사업) 소득 외에도 필요한 소득이다. Chapter 4에서 자세히 설명하겠지만, 콘텐츠 투자는 자신만의 스토리와 시간이라는 '인풋'이 '아웃풋'을 만들어내는 투자법이다.

나의 예를 들어보면 (2021년 기준) 직장 소득은 월 200만 원 중반대였다. 콘텐츠 투자 소득은 얼마일까? 직장 소득을 뛰어넘는다. 무엇보다 나의 콘텐츠는 부가가치를 창출할 수 있는 주제를 담고 있어 연봉 인상률보다 월등히 높다. (조금 더 인내심을 발휘하면, 콘텐츠 투자에 대한 자세한 내용이 Chapter 4에서 기다리고 있다.)

이를 공식으로 풀어내면 이렇다.

$$\left(\frac{\text{직장 소득 + 콘텐츠 투자 소득}}{\text{지출}} \right)^{\text{투자}}$$

절약을 통해 지출은 줄이고, 직장 소득과 콘텐츠 투자 소득은 높인다. 이 결과가 바로 종잣돈이 되며 투자로 이 돈을 불리는 것이다. 지나치게 단순해 보이지만 확실한 경제적 자유로 가는 계산식이다. 지출이 소득 합계를 넘으면 분모가 커진다. 이는 마이너스 소득을 의미하므로 투자 지수가 높아도 의미가 없다.

반면 지출을 최대한 줄이고 소득을 높이면 분자가 커진다. 그렇다. 종잣돈의 규모가 커지면 투자 지수에 따라 돈의 액수도 많아지며, 경제적 자유로 가는 길에 속도를 높일 수 있다.

절약, 직장 소득, 콘텐츠 투자 소득, 투자 모든 것이 중요하지만 요즘 주변을 보면 절약은 등한시한 채 투자에만 매몰되는 것 같아 아쉽다. 사실 경제적 자유를 위해 시뮬레이션을 돌려보면 저축률을 높이는 것보다 수익률을 높이는 것이 더 효율적이다. 그러나 투자 또한 종잣돈이 마련되어야 하므로 이는 일정 수준의 저축률을 유지하는 사람에게 적용된다.

그러므로 투자 수익을 극대화하려면 절약이 기초이자 기본이다. 다음 챕터의 이야기를 '절약'에서부터 시작하는 이유다.

경제적 자유로 가는 길은 간단하다.
지출은 줄이고, 직장 소득과 콘텐츠 투자 소득을 높인다.
종잣돈을 모은 후 성공 투자를 한다.
이는 가장 확실한 계산식이다.

재테크 책 100권에서
얻은 깨달음

"살면서 후회되는 게 뭐야?"

언젠가 지인에게 이런 질문을 받았다. 나는 망설임 없이 대답했다. "독서를 빨리 시작하지 않았던 것." 경제적 자유를 꿈꾸는 내가 더 빨리 절약하지 않은 것, 더 빨리 소득을 높이지 않은 것, 더 빨리 투자하지 않은 것보다 더 빨리 책을 읽지 않은 게 더 후회가 된다고 말했다.

솔직히 고백하자면 불과 2년 전만 해도 인생을 통틀어 내 의지로 완독한 책이 10권도 안 되었다. 그러다 책의 깊이, 맛에 빠지게 되니 1년 만에 100권의 책을 읽었고 기껏해야 15,000원 정도의 돈으로 수백, 수천 배의 경험적·경제적 가치를 얻게 되었다. 그렇다면 100권의 책을 읽으며 무엇이 달라졌을까? 경제적 자유를 위해 왜 독서를 해야 하는 걸까?

첫째, 편협한 사고관을 부순다.

사람의 가치관은 쉽게 바뀌기 어렵다. 아무리 주변에서 '블라블라' 이야기해도 소용없는 법이다. 아버지와 인생의 깊이가 담긴 술잔을 가득 채운 채 독대해도 술만 축낼 뿐이다. 독서는 이를 바꾼다. 저자의 깊은 통찰력과 경험, 그리고 멋들어진 문장력은 고집불통인 자신을 무장해제하기에 충분하다. 신선한 충격으로 좁디좁았던 사고관이 깨지면서 세상을 폭넓게 이해하게 돕는다. 시야가 달라지니 더 많은 기회를 알아본다. 직장이 전부인 줄 알았던 내가 바깥세상에 눈을 돌리게 된 결정적 도구 중 하나가 바로 책이었다. 한 권을 추천하자면, 버크 헤지스의 《파이프라인 우화》가 바로 그런 책이다.

둘째, 포용력이 생긴다.

남을 이해하게 된다. 다른 사람의 가치관을 인정하고 받아들인다. 경제적 자유를 추구하다 보면 각양각색의 사람을 책, 영상, 현실에서 만나게 된다. 사람마다 경제적 자유로 가는 길에 있어 각자의 가치관, 투자 원칙 등이 다르다. 과거엔 내 주장만 하거나, 겉으로만 이해하는 척 했지만 지금은 상대방의 주장을 받아들인다. 그것을 체화해서 더 좋은 방법으로 발전할 생각을 먼저 한다. 그렇게 김승호 회장의 《알면서도 알지 못하는 것들》은 나의 인생 지침서가 되었다. 이 책을 읽으며 중용과 포용을 배웠기 때문이다.

셋째, 글쓰기 능력이 향상된다.

유튜버인 나에게도 글이 주는 힘은 크다고 생각한다. 펜은 칼보다 강하다. 펜은 미디어보다 강하다. 영상은 빠져나오기 힘든 몰입감을 주지만 마음에 오래 남는 건 글이다. 직장에서든 인간관계에서든 글쓰기는 중요하다. 책을 읽으면 자연스럽게 문장력이 생긴다. 무라카미 하루키의 멋진 문장을 읽었을 때 내 것으로 만들기 위해 필사를 했다. 책 100권을 읽으니 글쓰기 실력이 출중해졌다. 기분 탓이 아닌 배우자의 증언이다. 책《일취월장》의 저자 고영성 작가는 말한다. 글쓰기의 시작은 독서이고, 독서의 완성은 글쓰기라고.

넷째, 간접 경험을 한다.

독서를 하는 기본적인 이유다. 글은 수천 년 전부터 내려온 유산이다. 과거의 어느 국가에서든 책을 보물로 지정했다. 수천 년이 지난 오늘날, 우리는 책을 읽으며 타임머신을 탄다. 태어나기 전의 일을 간접적으로 경험할 수 있고, 앞으로 하게 될 경험을 미리 체험한다. 예를 들어 당신이 스마트스토어를 운영할 예정이라고 하자. 운영을 하기 전까지 알 수 없는 애로사항, 인사이트를 책을 통해 경험할 수 있다. 즉, 책은 간접 경험을 할 수 있는 좋은 매개체로써 당신의 시행착오를 줄여준다.

송나라 정치가였던 왕안석은 독서의 중요성에 대해 이렇게 이야기했다.

"독서는 큰 비용이 들지 않으며 만 배의 이로움이 있고 사람들의 재능을 밝혀주고 군자의 지혜를 더해주기도 한다. 금을 팔아 책을 사서 읽어라. 책을 읽어두면 금을 사기 쉬우리라."

경제적 자유를 위해 독서를 해야 하는 이유는 명료하다. 누군가는 책을 읽어봤자 남는 게 없다고, 인생은 그대로라고 혹평하는 반면, 성공한 사람은 하나같이 독서의 중요성을 강조한다.

어떤 이는 저자들이 똑같은 이야기를 한다며 사기꾼이라고 비난한다. 그렇다면 이렇게 생각하자. 다들 같은 방법을 이야기하면 실행 방법은 단순명료해진다. 그대로 따라 하면 되는 것이다. 오히려 반대되는 이야기가 펼쳐진다면 그거야말로 골치 아픈 일이다. 독서의 가치에 대해 더 이상 옳고 그름을 논하지 말고, 한 쪽이라도 더 읽고 실천하기를 진심으로 권한다.

90년생
월 200 직장인,
현금 1억 모으기

To. 그동안 절약하지 못했던 당신에게

여러분은 지금까지의 내용을 통해
'자본주의 마인드'를 갖추었을 거예요.

그렇다면 다음 단계, 절약에 대해 어떻게 생각하고 있나요?
'재미없다.' '힘들다.'
돈으로 모든 것을 할 수 있는데 그 유혹을 이겨내기 쉽지 않죠.

그런데 그거 아세요?
저도 처음엔 절약이 제일 어려웠어요.
그래도 딱 1년 동안 1,000만 원만 모아보세요.
그때부터 할 수 있는 투자와 재테크가 훨씬 늘어납니다.

돈이 모였다는 사실에 기쁘고,
투자 성과가 나면 돈이 돈을 번다는 의미를 알게 됩니다.
그 후에는 자연스럽게 절약에 가속도가 붙습니다.

1,000만 원, 결코 많지도 적지도 않은 돈.

기껏해야 한 달에 100만 원씩 모아서
'언제 부자 될까?'라는 자조적인 생각까지 들 수 있죠.

그런데 한 가지는 확실합니다.
여러분이 선망하는 경제적 자유인들은 모두 이 길을 거쳤다는 것.

절약은 꽃을 피우는 과정의 시작입니다.
씨앗은 작고 볼품없지만,
인내를 가지고 정성을 다하면
결국 예쁜 꽃을 피웁니다.

이제,
아무 대책 없이 '욜로'로 살았던 저의 이야기부터 시작합니다.
무미건조한 절약 생활에 촉촉한 도움이 되기를 바랍니다.

낭비벽이 심했던
사회 초년생

"내 돈 벌어서 내가 쓰겠다는데!"

　문을 쾅 닫는다. 휘익, 하는 바람 소리와 함께 정적만 흐른다. 어렸을 때 가난했던 것이 원인이었을까? 자연스레 돈에 대한 결핍이 생겼다. "돈을 많이 벌어서 부자가 될 거야!"와 같은 긍정적인 에너지로 전환되면 좋았겠지만, 대학생 시절부터 돈은 나에게 결핍에 대한 보상이었다. 아르바이트를 하며 월 100만 원을 넘게 벌어도 어디로 새어나갔는지 매월 20일 정도에는 통장이 바닥을 드러냈다. 그 돈은 알코올과 돼지와 닭들로 변형되었다. 그나마 남는 것 하나, 아르마니 시계. 당시 구매가 35만 8,000원짜리 사치품이었다. 먹을 것을 뱃속에 축적하는 것보다 차라리 사치품을 산 게 잘한 일이 아닌지 허탈한 웃음이 새어나온다.

"결혼도 하고 그러려면 월급 아껴야 해. 결혼할 때 도와줄 형편이 못돼."

싸늘함이 느껴지는 방문 앞에서, 어머니는 이야기했다.

나의 낭비벽은 대학 시절부터 사회 초년생 때까지 물 흐르듯 이어졌다. 한 달에 200만 원 남짓한 월급을 받아 신나게 써버렸다. 불필요한 지출들이었다. 어머니의 잔소리는 1~2년가량 도돌이표처럼 지속되었고, 회사에 적응할 때가 되어서야 나의 가치관이 변하기 시작했다.

계산기를 두드린다. 어렸을 때 우리 집은 한 달에 200만 원도 안 되는 돈으로 4인이 생활했다. 따라서 내 월급 200만 원은 큰돈이라 여겨졌다. 결혼을 하고 맞벌이를 한다면 400만 원. 이건 뉴턴이 중력을 발견한 것보다 나에게 있어 더 큰 충격이었다. 4명이서 200만 원으로 살다가 2명이서 400만 원으로 산다고 생각하니 당장이라도 파티를 열어야 할 참이었다.

흥분된 마음을 가라앉히고 핸드폰 화면을 응시했다.

이번에는 지출까지 대입해 계산했다.

두꺼운 엄지손가락 때문에 실수가 있었지만 차근차근 따져봤다. 계산기는 거짓말하지 않는다. 숫자는 정직하다.

아이를 낳는다고 가정하면 4인 가족 기준으로 월 400만 원은 국내산 삼겹살 대신 오스트리아산 삼겹살을 먹어야 할 수준이었다. 1년에 한 번 해외여행은커녕, 동네 마실로 족해야 할 판이었다. 이것도 회사를 정년까지 다닌다는 전제하에서였다. 어렸을 때 부족하게 살아서 400만 원은 분에 넘친다고 착각했던 것이다.

이때부터였다. 내가 돈을 모으고 '부'에 관심을 가지게 된 것이. 불과 4년 전의 일이다.

TV에서, 핸드폰 화면 속에서, 길거리 광고판에서 모두가 '욜로'를 외칠 때였다.

'어차피 한 번뿐인 인생, 현재를 즐기자.'

현실을 깨달은 그때,

내 가슴속 문구는 이렇게 변했다.

'어차피 한 번뿐인 인생, 경제적 자유를 이루자.'

당신에게는
'절약력'이 있는가?

코로나19로 침체된 경기를 활성화하기 위해 세계 정부는 돈을 찍어냈다. 그 결과, 자본이 있는 사람은 돈을 더 많이 벌게 되었다. 주식, 부동산, 코인 등 돈이 돈을 버는 시대이다. 하루가 멀다 하고 부동산은 신고가를 이어나가고, 주식시장에는 '동학개미운동'이라는 신조어까지 생겼다. 또한, 테슬라의 주가가 폭등하며 '테슬라네어(테슬라 주식으로 부자가 된 사람)'라는 신흥 백만장자가 나타나고 있다.

지금 이 시국, 많은 사람이 안타까운 생각을 한다. 투자는 한 방이라고, 무조건 빚내서 투자해야 한다고, 심지어 종잣돈은 필요 없다고 말이다. 그러나 이 말이 사실일까?

결론부터 말하겠다. 경제적 자유를 위해서 절약은 필수 불가결하다. 반드시 절약력, 즉 절약 라이프를 유지하는 힘이 필요하다. 백번 양보해서 신들린 투자로 부자가 되었다고 가정하자. 그 사람이 미래에도 부를 유지할 확률은 얼마나 될까? 선무당이 사람 잡는다는 말이 있다. 운 좋은 투자 결과를 본인의 실력으로 착각할 수 있다.

그렇다면 이번에는 워런 버핏도 울고 갈 투자 실력을 갖췄다고 상정하자. 그래도 절약력이 필요하다. 그 누구도 미래를 예측할 수 없다. 시장이 침체될 경우를 대비해 버틸 근력이 필요하다. 그것이 바로 절약력이다.

한 달에 500만 원을 지출했던 사람이 갑자기 300만 원으로 생활할 수 있을까? 시장 상황이 안 좋아질 때, 금리가 인상될 때, 위기에서도 오래 버틸 수 있는 지구력이 필요하다. 이것이 바로 절약력이다. 힘을 갖추고 있는 사람은 금리가 인상되어도 버틸 수 있다. 조급함이 줄어드니 더 좋은 투자를 할 수 있다.

'로또의 저주'라는 말이 있다. 로또에 당첨된 사람의 상당수가 안 좋은 결말을 맞는다는 것이다. 물론 로또 당첨자의 100%에 해당하는 사실이 아니지만, 왜 많은 경우가 새드 엔딩으로 끝날까? 그것은 그들에게 돈 관리 능력이 없었기 때문이다. 즉, 어떻게 절약을 해야 하는지 몰라서이다.

절약은 단순히 '안 쓰는 것'이 아니다. 그들에게는 돈을 총체적으로 관리할 줄 아는 절약력이 없었다. 전산으로만 드러나는 딱딱한 숫자를 아무리 봐도 돈의 감각은 생기기 어렵다. 평소에 모아놓은 돈이 없으니 10억, 20억은 마르지 않는 샘물처럼 보인다. 그렇게 '흥청망청이'를 소환하고 실제로 많은 경우 연이은 창업과 사업 실패로 파산하게 되는 것이다. 그들에게 절약력이 있었다면 그 돈은 큰 부자가 되는 소중한 종잣돈으로 쓰였을 것이다.

나는 4년 동안 1억 원이라는 종잣돈을 모았고 그 후로 불과 2~3년 만에 20억 자산을 형성했다. 그만큼 종잣돈 모으기는 재테크의 첫걸음이자 그 무엇보다 중요하다.

급하게 서두르지 마라.

어떤 일이든 기본이 있는 법.

경제적 자유를 위해 '절약력'은 필수다.

이 힘은 경제적 자유를 이루기 전 예리한 칼이 되고,

이룬 후에는 튼튼한 방패가 된다.

만수르는 사실
슈퍼 절약 대왕이다

"절약한다고 부자 되는 게 아니지 않아? 부자들 봐! 슈퍼카 타고 다니고 명품으로 두르고 다니던데?"

나의 유튜브 채널에 이런 댓글이 종종 달린다. 절약을 강조하다 보면 반대 의견도 종종 마주친다. 맞는 말이다. 부자 중에는 슈퍼카를 타고 다니는 사람도 있고 머리부터 발끝까지 명품으로 도배를 한 사람도 있다.

그렇다면 부자들은 사치를 하는 걸까? 한때 '부자' 하면 아주 뜨거웠던 인물인 만수르. 아랍에미리트 왕족이자 부총리, 맨체스터 시티 FC 구단주 등 그야말로 슈퍼리치 중의 슈퍼리치다. 사람들은 만수르의 플렉스에 환호했고 그런 삶을 보며 대리만족을 느꼈다. 하루에 수억 원을 휙휙 가볍게 쓰는 그는, 과연 사치를 하고 있는 걸까?

만수르의 재산은 약 30조 원이다. 만수르가 전 재산을 금리 2% 정기적금에 가입했다고 가정하자. (물론 그럴리는 없겠지만.) 그럼 이자가 얼마일까? 무려 6,000억 원이다. 이는 하루 이자 16억 4,000만 원에 해당하는 돈이다. 하루에 10억 원을 써도 그는 6억 4,000만 원을 저축할 수 있다는 뜻이다. 적금으로 예를 들어도 이 정도다. 만수르가 하루에 얼마나 쓰는지 정확히 알 수 없지만 일평균 15억 원 이상은 쓰지 않을 것이다. 그렇다. 그는 사실 절약 대왕이다.

그렇다면 평범한 사람인 김소금 씨를 예로 들어보자. 김소금 씨는 최대한 돈을 아껴가며 4년 만에 1억 원을 모았다. 그도 마찬가지로 2% 금리의 적금에 가입을 했다. 연이자는 200만 원이다. 하루로 환산하면 5,479원. 만수르의 0.0003%에 불과한 수준이다. 김소금 씨가 특기를 살려 하루에 5,479원을 써도 만수르에 비해 상대적으로 사치를 한 것이다.

만수르를 보고 '경제적 자유를 이루기 위해 절약이 꼭 필요한 게 아니구나'라고 생각하는 것은 착각이다. 자산 대비 지출 비중을 보면 만수르를 비롯한 많은 부자가 절약 대왕으로 살고 있다. 보이는 행동에만 초점을 맞추지 마라. 그들의 1억 원은 말 그대로 껌값일 뿐이다.

그렇다고 해서 부자들이 돈을 마구잡이로 쓰는 것은 아니다. 얼마 전에 책 《아들아, 돈 공부해야 한다》의 정선용 작가(L마트 임원 출신)와 인터뷰를 한 적이 있다. 부자에 대한 에피소드를 들려주셨는데 흥미로웠다. L마트 양평점이 한참 공사 중일 때 어느 한 노인이 수수한 차림으로 공사 현장을 두리번거렸다고 한다. 지나가는 동네 어르신이라고 생각했는데 알고 보니 그분은 재벌 총수였다. 바로 롯데그룹 故신격호 회장이었던 것이다. 그렇다. 우리의 상상 속에 있는 부자의 휘황찬란한 모습은 현실과 다르다.

부자들은 절약가다.

그들은 낭비하지 않으며 자산 대비 적은 돈을 쓴다.

당신이 부자라고 생각한 사람들,

고급 외제차를 타거나 명품으로 치장하는 그들은

부자가 아닌 부자처럼 보이는 사람일 수 있다.

동서고금을 통틀어 부자가 되기 위해 절약은 필수라고,

책 속에서 만난 선배들이 이미 여러 번 말했다는 사실을 잊지 말아달라.

절약가 vs 구두쇠
: 절약에 대한 편견

"야! 주변 사람한테 돈 좀 쓰고 살아! 커피 한 잔도 못 얻어먹겠다!"

2020년 여름, 나를 잘 모르는 회사 선배가 말했다. 내가 유튜버 '절약왕TV'라는 사실을 알고 내뱉은 말이었다. 채널의 메인 콘텐츠가 절약이다 보니 '한 달 용돈 7만원으로 살기'와 같은 브이로그 영상을 본 것이다. 그 말을 듣고 절약을 주제로 일장 연설을 할까 하다가 선배라서 참았다. 대신 사람들이 생각하는 구두쇠와 절약가가 무엇이 다른지, 흔히 말하는 절약이 정말 구질구질하고 창피한 것인지 그 편견에 대해 적어 내려가겠다. 부디 이 글을 읽고 절약 라이프에 자부심을 가지길 바란다.

"선배, 잘 보고 있죠?"

첫째, 절약가는 남들에게 피해를 준다?

1998년에 방영한 시트콤 〈순풍산부인과〉에서는 탤런트 박영규가 구두쇠 역할로 등장한다. '돈 안 쓰고 술과 밥을 즐기는 101가지 방법'을 작성할 만큼 구두쇠 기질이 강했던 그는 뜬금없이 선배를 불러내 자기 대신 계산을 하게 하거나, 주변 사람이 밥을 살 명분을 만들어 내거나, 누군가 나서서 밥값을 계산해야 할 시점에 갑자기 목이 터져라 전화를 하는 등 어떻게든 돈을 안 내려고 애쓴다. 이런 구두쇠는 스크린 속에만 존재하지 않는다. 주변을 봐도 스무 명 중 한 명 정도는 찾을 수 있다.

바로, 이런 구두쇠 때문에 절약가도 같이 매도되는 경향이 있다. 돈을 아낀다는 공통점 하나 때문이다. 그렇다면 드라마 속 구두쇠를 떠올려보자. 그들은 어떤 차를 타고 다니는가? 어떤 브랜드를 선호하는가? 내 기억에 그들은 좋은 차를 타고, 좋은 브랜드의 옷을 입고 다닌다. 게다가 결정적인 한 방! 주변 사람들에게 자랑을 한다. 즉, 자신을 위해서 돈을 아낌없이 쓰고 타인에게는 아낀다.

반면 절약가는 반대다. 자신에게 채찍질을 하며 수도승 같은 생활을 하지만, 타인을 대할 때는 그렇지 않다. 멀리 갈 것도 없이, 주변 친구 중에서도 언뜻 평범하게 소비하는 것 같은데 내가 1,000만 원을 모을 때 자신은 3,000만 원을 모았다고 하는 경우가 있다. 그렇다. 그들은 타인과의 관계에서가 아닌 자신을 위해 쓰는 돈에 대해서만 절약을 하는 것이다.

따라서 절약가와 구두쇠를 동일시하고 절약을 '얻어먹기 좋아하는 민폐'라고 생각하는 것은 잘못된 생각이다. 그 누구보다도 절약가는 타인에게 빚지는 것을 싫어한다.

구두쇠는 타인이 사준다고 하면 마냥 좋아하지만,

절약가는 타인이 사준다고 하면 보답할 생각을 한다.

둘째, 절약가는 돈을 안 쓴다?

절약은 무엇을 의미할까? 사전적 정의에 따르면 '함부로 쓰지 아니하고 꼭 필요한 데에만 써서 아낌', '내일에 대비해 오늘의 씀씀이를 아껴 꼭 필요한 곳에 사용하는 행위'라고 한다. 적절하게 표현된 말이다. 반면 구두쇠는 '돈이나 재물 따위를 쓰는 데에 몹시 인색한 사람'이라고 정의되어 있다. 즉, 절약가들은 '가치 있는 소비'를 지향하지만 구두쇠는 '물불 가리지 않고 인색'하다.

가치 있는 소비라고 하면 '코에 걸면 코걸이, 귀에 걸면 귀걸이 아니냐'고 반문하고 싶은 사람도 있을 것이다. 예를 들어 날씨가 안 좋아 기분이 별로인 날, 버스비 대신 과도하게 지출한 택시비는 나름의 심리적 가치가 있는 것 아닐까?

그러나 여기서 가치 있는 소비란 홧김에 하는 일시적 씀씀이가 아닌, 본인의 가치관에 맞는 씀씀이를 말한다. 가치관이 변하지 않는 한 소비 스타일도 유지해야 타당하다. 나의 경우에는 자기계발비, 경조사비, 주변 사람을 위한 성의 표시 비용은 가차없이 소비한다. 나의 능력을 향상할 수 있는 교육이 있다면 수강하고 선배들의 조언을 구하고 싶으면 도서를 구입한다. 지인들의 경조사가 있으면 이해관계를 따지지 않는다. 나에게 도움을 준 사람에게는 작은 기프티콘이라도 보낸다.

또한, 절약가들이 돈을 안 쓰는 것처럼 보이는 이유는 '같은 상품을 저렴하게 사기' 때문이다. 지역화폐 카드만 있으면 웬만한 동네 가게에서 10%를 할인받는 셈이고, 도서도 문화상품권을 저렴하게 매입하면 정가의 20% 정도를 이득 볼 수 있다.

즉, 절약가들은 모든 지출을 틀어 막지 않고, 가치 있는 소비라면 과감히 지출한다.

구두쇠는 돈을 안 쓰지만,
절약가는 가치 있는 소비를 지향한다.

셋째, 돈을 못 쓰니 불행하다? ─────────────

사람들은 말한다. 돈을 아끼는 사람들, 절약하는 사람들은 불행하다고. 그러나 사실일까? 이렇게 주장하는 사람들은 '소비 = 행복'이라는 일차원적 방정식에 머물러 있다. 그러나 책《당신이 지갑을 열기 전에 알아야 할 것들》에서 언급되듯, 소비의 행복감은 오래가지 못한다. 특히, 경험 소비에 비해 물질 소비의 행복 지속도는 무더위 속 아이스크림처럼 금방 녹아내린다.

예를 들어보자. 당신은 최신 핸드폰을 구매했다. 분명 구매했을 당시에는 과장을 조금 보태서 세상을 다 가진 것 같은 기분이었을 것이다. 그 행복은 얼마나 오래 지속되었는가? 생각보다 길지 않았을 것이다.

그렇다면 절약가들은 어떨까? 통장에 돈이 쌓이는 걸 보면 가슴속 한구석이 따뜻해진다. 물론, 절약하며 불편한 점도 있다. 그럴 경우 절약 라이프를 행하면서 만족도가 떨어질 수는 있지만 그 타격이 크지 않다. 절약가들이 돈을 잘 안 쓰니 불행할 거라는 생각은 단순한 편견이다. 그들의 절약에는 이유와 목표가 있다. 목표에 근접하고 있는데 어째서 불행할까?

어느 날 후배가 나에게 물었다. "선배, 1억 모으는데 몇 년 안 걸렸다고 들었어요. 그 과정에서 어렵거나 불행한 적은 없었나요?" 그런 그에게 답했다. "한번 절약해 보면 그렇게 힘들지 않다는 걸 알 거야."

구두쇠는 소비와 행복이 이어져 있다고 생각하지만,
절약가는 소비가 행복으로 직결된다는 말을 믿지 않는다.

절약왕 10계명 :
이것만 명심하면 절약력 UP!

"다있려달에짐가음마의신당은약절."

주문을 걸었다. 절약 10계명을 읽고 나면 당신은 이제 절약이 더 쉬워지고 재밌어질 것이다. 10계명이라고 표현할 만큼 절약에 있어 중요한 지침을 모았으며, 나약한 마음을 붙잡는 데 효과가 크다. 수년간 유튜브에서 만난 악플에 견뎌온 방법이기 때문에 믿어도 좋다.

첫째, 남는 돈을 저축하지 말고, 저축하고 남는 돈을 쓰자 ___

강제 저축. 내가 4년 동안 현금 1억을 모을 수 있었던 1등 공신이다. 월급을 받으면 저축할 돈을 즉시 이체해야 한다. 나는 월급 200만 원을 받으면 70%는 바로 적금 통장에 입금했다. 월급날 남들은 무엇을 살지, 어떤 맛집을 갈지 고민할 시간에 습관적으로 강제 저축을 한 것이다.

월급의 남는 돈을 저축한다고 생각하면 절대 돈을 모을 수 없다. 의지와 열정만 있으면 가능하다고? 인간의 의지는 나약하다. 열정을 흔히 불로 표현한다. 불은 연료가 없으면 서서히 사그라든다. 열정이 넘치는 사람도 주기적으로 동기부여를 하는 등의 리프레시가 필요하다. 오죽하면 딜버트 만화로 유명한 스콧 애덤스는《열정은 쓰레기다》라는 책까지 썼을까? '의지'만 철석같이 믿지 말고 강제 저축 같은 '시스템'이 필요하다.

둘째, 불필요한 지출과 하기 싫은 일을 교환하지 말자 _____

일요일 저녁부터 SNS에 글이 올라온다. '아~ 회사 가기 싫다.' '월요병 시작.' 대다수 직장인은 회사 가는 것을 싫어하지만 어쩔 수 없이 출근을 한다. 마약 같은 월급을 받으며 지출을 한다. 그렇다면 그 월급은 어디서 나오는 걸까? 당신이 '하기 싫은 일'을 억지로 하며 얻은 대가다. 즉, 당신의 지출은 회사 스트레스와 등가 교환한 것이다. 지출을 하면 할수록 그토록 싫어하는 회사를 오래 다녀야 한다. 오늘 무의미하게 쓴 10만 원은 당신의 하루 일당일 수 있다. 그것이 누적되면 될수록 당신은 회사의 전속 노예가 되는 것이다.

셋째, 한 번뿐인 인생YOLO, 제대로 살자 ─────────

You Only Live Once. 통칭 '욜로'. 직역하면 '당신은 오직 한 번만 산다'는 뜻이지만 어느새 '현재를 즐기며 소비하자'는 의미로 변질되었다. 인생은 한 번뿐이므로 인생 계획을 제대로 설계해야 한다. 그러나 현재의 '욜로'는 미래는 생각하지 않고 오직 오늘만 사는 하루살이와 같다. 한 번뿐인 인생, 제대로 살기 위해 장기 계획을 수립해 보자. 그러면 지금 절약을 왜 해야 하는지, 돈을 왜 모아야 하는지 자연스레 알게 될 것이다.

우리나라는 북유럽처럼 확실한 노후 복지 대책이 부족하다. 공적 연금이라 해봤자 국민연금이 전부이다. 그마저도 2055년에 고갈된다는 전망이 있다. 국회 예산정책처가 2020년 6월에 발간한 '사회보장정책분석 보고서'에 의하면 2039년에 국민연금이 적자로 전환되고, 1990년생이 연금을 받을 시점인 2055년이 도래하면 연금 적립금이 소진된다. 만약 국민연금 개혁을 통해 연금을 수령한다고 해도 그 돈은 (납부한 금액에 따라 다르지만) 평균 100만 원 남짓이며 결국 노후 준비는 개인에게 달려 있다고 생각해야 한다.

넷째, 연봉 인상률은 내가 정하자

연말이 되면 다들 연봉 인상 이야기로 뜨겁다. 연봉이 동결되거나 소폭 인상되면 직장인들의 낯빛은 어두워지고, 5% 이상 인상되면 상사의 꾸지람도 달콤하다고 느낀다. 그렇다면 연봉의 5%는 어느 정도를 말하는 걸까? 2019년 통계청이 발표한 '임금근로 일자리 소득'에 따르면 2019년 평균 연봉은 3,600만 원이며 그 5%는 180만 원이다. 이를 월급으로 환산 시 15만

나는 월급쟁이에서 이렇게 독립했다

원이다. 그렇다. 월급이 15만 원 정도 인상되면 많은 직장인이 만족한다.

연봉 인상률은 노사 합의를 통해 결정된다고 해도 결국 사측 의사가 지대하다. 본인이 결정할 수 없는 연봉 인상률에는 만감이 교차하면서 왜 스스로 할 수 있는 절약에는 관심이 없을까? 지금부터 관점을 바꿔 생각해 보자. 현재 절약을 하지 않는 사람은 마음만 먹으면 한 달에 최소 40만 원은 가볍게 아낄 수 있다. 딱 한 달 치 지출 내역을 확인해 보면 무슨 말인지 이해가 된다. 40만 원이면 무려 연봉 인상률 13%에 해당하는 금액이다.

사고만 전환하면 자기 의지만으로 두 자릿수 연봉 인상률이 가능한데 왜 결정권이 없는 연봉 인상률에만 목을 매는가?

다섯째, 가끔은 절약도 절제하자 ─────────────

절약은 최소 5년 이상, 경제적 자유를 이룰 때까지 지속되어야 한다. 물론 절약 습관이 몸에 밴 사람들은 경제적 자유를 찾은 이후에도 절약하겠지만 말이다.

마라토너는 42.195km의 긴 레이스를 펼친다. 그들이 초반부터 전력 질주하는 것을 봤는가? 절약도 마찬가지다. 극단적인 절약만 추구하는 것은 바람직하지 못하다. 한 달 저축률을 월소득의 90%로 유지하는 절약은 위험할 수 있다. 때로는 사람도 만나고 자기계발도 하고 여행도 다녀야 한다. 그것이 오랫동안 절약을 지속할 수 있는 비결이다. 남들이 극단적인 절약을 한다고 따라 할 것이 아니라 가끔 치맥도 즐기는 등 절약도 너무 극단적이지 않도록 절제하는 삶이 필요하다.

여섯째, 짠돌이라고 욕하면 감사해하자 ───────────

"변했다." "달라졌다." 내가 가장 좋아하는 말이다. 나는 변화하는 삶을 꿈꾸기에 이런 말이 듣기 좋다. 물론, 이 말의 이면에는 조언을 가장한 오지랖도 있겠지만 변화하겠다는 '생각'이 '행동'으로 되어 남들 눈에 보이는 '결과'로 달성되었기에 좋다는 뜻이다.

절약을 하면 종종 이런 이야기를 듣는다. "그렇게 아껴봤자 뭐할래? 죽어서 가져갈 거야? 인생 편하게 살아." 만약 이런 이야기를 들었다면 당신은 아주 바람직한 절약 생활을 하고 있는 것이다. 단, 주변 사람에게 쓰는 돈을 너무 아까워하지 않는다면 말이다.

일곱째, '한 번뿐이니까'라는 마인드를 버리자 ──────

개인적으로 가장 싫어하는 마케팅 문구다. '인생에 결혼은 한 번뿐이니까', '첫 직장은 한 번뿐이니까', '연인과 첫 1주년이니까' 등 인생 대부분의 순간에 '한 번뿐이니까'를 적용할 수 있다.

우리 인생에서 처음인 순간은 일상과도 같다. 매년 처음인 순간이 줄줄이 이어져 있다. 그런 순간이 인생에 한 번뿐이라고 과소비를 한다면 절대 종잣돈을 모을 수 없다. 특히 결혼 준비할 때 '한 번뿐이니까'라는 매혹적인 카피를 조심해야 한다.

나는 혼수 비용으로 총 460만 원을 지출했다. 철저히 '한 번 뿐이니까'라는 마인드를 배제해서다. 반면, 친구 P는 혼수 비용만 2,000만 원이 넘게 들었다고 자랑스럽게 말했다. "어차피 한 번뿐인 결혼이고 좋은 걸로 시작해야 잘 살지." 글쎄, 아직까지는 혼수 용품의 일부를 중고로 준비한 내가 경제적으로 더 여유로운 것 같다.

여덟째, 남과 비교하지 말자

친구가 지름신을 대동해 명품 쇼핑을 했다고 하면 본인의 모습이 초라해지는가? 출근길에 SNS를 보는데 친구의 해외여행 사진을 보고 부러웠던 적이 있는가? 전혀 그럴 필요 없다. 우리는 그들의 겉모습만 알 뿐이다. SNS에 수시로 올라오는 그들의 인증샷에 부러워할 필요가 없다. 전 재산을 털어 명품을 샀을 수도, 생애 최초의 해외여행일 수도 있다. 우리는 그들의 겉모습만 볼 수 있고, 속은 그들만 아는 것이다.

절약에 있어 남과의 비교는 금물이다. 타인의 겉모습만 보고 그들을 부러워하지 말자. 설사 그들의 재산이 많고, 투자 결과가 좋을지언정 사람마다 타임라인이 다르다. 오바마는 40대, 트럼프는 60대, 그리고 바이든은 70대에 대통령이 되었다. 그러니 당신만의 속도가 필요하다. 모든 사람이 번갯불에 콩 볶아 먹듯 경제적 자유를 찾는 것이 아니다.

나도 인간이기에 타인과 비교하며 마음이 무거워지기도 한다. 그런 날, 내가 즐겨 읽는 글귀를 소개한다.

"자신의 과거와 경쟁하라. (…) 자신의 과거와 경쟁하는 것은 적을 만들지 않고, 스스로 나아지는 방식이다. 승리하면 스스로 기뻐할 수 있고, 아무에게도 상처를 주지 않으며 모든 이의 찬사를 받을 수 있다. 가장 어려운 싸움은 자신과의 싸움이며 가장 가치 있는 진보는 자신의 어제보다 나아지는 것이다."

구본형, 《나는 이렇게 될 것이다》, 김영사, p.117

아홉째, 예쁜 쓰레기를 멀리하자

가치 없는 소비를 중단하라. 흔히 말하는 장식품은 예쁜 쓰레기다. 예쁜 쓰레기란 가격 대비 효용이 적은 소비품이다. 우리는 일상에서 습관적으로 이런 물건을 수집한다. 환경 오염은 물론이고 당신의 지갑까지 털어가는 것들 말이다. 대표적으로 기념 티셔츠, 오프너 등이 있다. 여행 갔을 때는 기념할 만한 것이 필요해 구입하지만, 정작 집에 돌아오면 거들떠보지도 않는다. 전시할 수 있는 기념품이면 예쁜 쓰레기라도 될 수 있지만, 그렇지 않은 티셔츠는 그냥 쓰레기라고 할 수 있겠다. 어차피 입지도 않을 쓰레기를 뭐하러 돈과 시간을 낭비하며 사는가?

마지막, 세상에 공짜는 없다 ───────────

당신 주변 사람들은 인센티브로 무엇을 하는가? 대다수 직장인은 비계획적으로 지출한다. 월급 이외의 보너스라고 생각해서다. 그래서 인센티브 확정 혹은 수령일에는 회사 근처 맛집에서 돈을 쓰려는 사람들로 북적북적한 것이다.

마트 시식 코너에 사람들이 즐비하다. 고깃결에 육즙이 촉촉하게 맺혀 있는 큐브 스테이크를 시식하기 위해서다. 10분을 기다려 고기 한 점을 먹는다. 공짜라고 생각해서 무작정 기다리는 것이다. 시식은 과연 공짜일까? 10분이라는 시간은 엄연한 비용이다. 즉, 시간과 시식을 맞바꾼 것이다.

집 앞에 핸드폰 매장이 있다. 핸드폰 가격이 0원이라고 한다! 핸드폰을 사면 TV나 청소기를 준다고도 한다. 심지어 방문만 해도 곽티슈를 준단다. 과연 이것은 공짜일까? 당신의 핸드폰 기기와 요금제 가격에 모든 사은품 값이 녹아 있다. 방문만 해도 주는 곽티슈에는 유혹에 대한 리스크와 시간이 지불된다.

흔히 이렇게 소중한 돈과 시간을 낭비하곤 한다. 이 책을 지인에게 또는 회사에서 선물 받았다고 해서 책이 공짜는 아니다. 당신이 지인과 교우를 맺은 시간이 있었고, 회사를 다니며 일했기 때문에 받은 것이다.

절약 10계명을 다시 정리해 보자.

첫째, 남는 돈을 저축하지 말고, 저축하고 남는 돈을 쓰자.

둘째, 불필요한 지출과 하기 싫은 일을 교환하지 말자.

셋째, 한번뿐인 인생^{YOLO}, 제대로 살자.

넷째, 연봉 인상률은 내가 정하자.

다섯째, 가끔은 절약도 절제하자.

여섯째, 짠돌이라고 욕하면 감사해하자.

일곱째, '한 번뿐이니까'라는 마인드를 버리자.

여덟째, 남과 비교하지 말자.

아홉째, 예쁜 쓰레기를 멀리하자.

마지막, 세상에 공짜는 없다.

이제 첫 문장인 "다있려달에짐가음마의신당은약절"을 뒤에서부터 읽어보자.

돈 관리 초보,
이것만 따라 하자

'절약과 돈 관리의 중요성은 알겠는데, 그래서 어떻게 시작해야 하지?'

여기까지 읽었다면, 이렇게 생각하는 사람도 많을 것이다. 그래서 준비했다. 월급이 들어온 순간부터 구체적으로 어떻게 하면 좋을지 그 방법을 소개한다.

월급일, 100만 원만 남겨라 ────────────

'띵동, 월급 200만 원이 입금되었습니다.'

월급이 들어왔다. 그렇다면 무조건 '선저축'을 해야 한다. 월급일에 당신이 목표한 저축액이 적금 통장으로 이체되도록 자동이체를 설정하면 된다. 그리고 월급 통장에서 빠져나갈 통신비, 공과금, 보험료 등 고정비를 제외한 돈을 산출하라. 그 돈으로 예비비 20만 원과 나머지 돈을 구분한다. 여기서 나머지 돈이 당신의 생활비다. 더 구체적으로 이야기하자면 다음과 같다.

월급이 200만 원 정도라면 최소 50%는 강제 저축해야 한다. 그래야 종잣돈이 모이는 속도감이 있다. 100만 원을 적금 통장에 이체한다. 그렇다면 100만 원이 남는다. 통신비, 보험비, 공과금 등 고정비가 총 20만 원이면 이제 80만 원이 남는다. 이 중 20만 원은 예비비로 다른 통장에 송금하고 나머지 60만 원(변동비)은 CMA 통장이나 파킹 통장에 넣어놓고 생활비로 사용한다. (CMA 통장과 파킹 통장 모두 잠깐만 보관해도 이익이 발생해 입출금 통장보다 선호된다.) 60만 원으로 어떻게 생활할 수 있는지 당혹스러워하는 사람도 있겠지만 과거 카드 지출 내역을 돌이켜보라. 그럼 불필요한 지출을 파악할 수 있고 어디에서 소비를 줄여야 하는지 답이 나온다. '월급은 통장을 스칠 뿐'이라는 표현은 지출 내역을 확인하지 않아서 나오는 말이니 발 없는 돈을 타박할 이유가 없다. 당신의 지출 내역은 거짓말하지 않는다.

스트레스 없이 가계부 작성하기

사실 카드 지출 내역을 확인하는 방법보다 가계부를 작성하는 것이 더 정확하고 돈 관리에 효과적이다. 나의 경우 스마트폰 앱 가계부를 사용하고 있다. 사용 즉시 기입할 수 있기에 편리하다. 가계부를 아날로그로 사용할지, 디지털로 쓸지는 본인의 취향에 맞게 선택하면 된다. 가계부를 일 단위, 주 단위로 확인하며 예산 대비 얼마나 지출했는지 확인하는 것이 가계부 쓰기의 핵심이다.

많은 사람이 가계부 작성을 힘들어하는데 복잡하게 생각하지 않아도 된다. 가계부에 10원 단위까지 자세히 적어야 한다고 생각하는가? 그럴 필요 없다. 나도 10원, 100원까지 정확히

나는 월급쟁이에서 이렇게 독립했다

쓰려고 노력하지 않는다. 왜일까? 가계부를 쓰는 목적을 생각하면 그 속에 답이 있다. 가계부의 목적은 수입과 지출을 파악해 계획적으로 돈을 관리하는 데 있다. 가계부를 정확하게 써서 가계부 콘테스트에 나갈 것도 아니다. 나의 경우 한 달을 기준으로 오차 비중은 전체의 1% 미만이다. 가계부를 완벽히 쓰겠다는 마음으로 지난 지출 내역을 추적하며 스트레스 받을 바에야 적당히 대략적으로 작성하는 것이 낫다.

비정기 소득은 80% 저축

지금까지 언급한 돈 관리의 핵심은 무엇일까? 강제 저축, 선저축이다. 반드시 지켜야 하는 돈 관리 제1의 원칙이다. 그 뒤에 고정비는 월급 통장에 남겨놓고 생활비 통장, 예비비 통장으로 쪼갤 뿐이다.

성과급과 같은 비정기 소득의 경우 80%는 저축해야 한다. 나머지 20%는 자신에게 주는 보상으로 사용하자. 절약도 보상이 있어야 유지하는 힘이 생긴다. 의욕이 앞서 100% 저축하는 것보다 소소한 재미를 느끼며 소비하는 것이 장기적으로 바람직하다.

성과급의 80%를 저축해야 한다고 할 때 그 비중이 너무 크다고 생각하는가? 기억하자. 성과급을 말 그대로 '보너스'라고 생각하고 대수롭지 않게 소비하는 사람과 종잣돈을 모으는 기회라 생각하고 80%를 저축하는 사람의 자산 증식 속도는 차이가 날 수밖에 없다.

다시 한번 정리하면 이렇다.

하나, 최소 월 100만 원을 모아라(월급의 50% 이상 강제 저축).

둘, 가계부를 작성하되 100원 단위까지 집착할 필요는 없다.

오차가 발생해도 1% 이내 범위이며 가계부를 사용하는 목적에 위배되지 않는다.

셋, 성과급의 80%는 저축을 하고 20%는 자신에게 보상으로 사용한다.

풍차 돌리고 통장 쪼개기,
꼭 해야 할까?

"절약왕님, '풍차 돌리기' 하시나요? 저는 하고 있는데 너무 번거롭네요."

얼마 전 유튜브 채널에 한 구독자분이 댓글을 남겼다. '풍차 돌리기'는 고전적인 예·적금 재테크이며, 매달 하나의 통장을 개설해 일정 기간 뒤 매달 만기가 도래하게 만드는 방법이다. 그 방법이 마치 풍차가 한 바퀴 회전하고 제자리에 오는 것과 비슷해 생긴 명칭이다. 이 기술은 돈을 모으는 데는 도움될 수 있지만 번거로운 것이 사실이다. 이렇듯 효과적이지만 번거로운 재테크, 꼭 해야만 할까?

저축 방법의 클리셰, 많은 재테크 책에서 말하는 돈 관리 팁이 있으니 그 유명한 '풍차 돌리기'와 '통장 쪼개기'이다. 많은 저자가 종잣돈을 모으기 위해 무조건 거쳐야 하는 관문처럼 설명하고, 바로 실천하라고 한다. 그렇다면 월 200만 원대 월급으로 4년 만에 1억 원을 모은 나도 그렇게 했을까? 꼭 그렇게 해야만 돈을 모을 수 있을까? 결론부터 말하면 난 풍차 돌리기를 해본 적도 없고 통장 쪼개기는 최소한으로만 했다.

책의 저자는 그 분야의 전문성을 인정받아 집필을 한다. 그래서일까? 상당수 독자는 그들이 제시하는 재테크 정보를 맹목적으로 수용한다. 나도 처음 재테크를 시작했을 때는 순수함을 가지고 있었다. 고수들이 말하는 풍차 돌리기를 꼭 해야만 할 것 같았다. 그래야 돈을 모아서 경제적 자유를 얻을 수 있을 것 같았다.

그러나 시간과 노력을 투입한 것에 비해 풍차 돌리기의 효과가 크지 않을 것으로 판단하여 결국 시도하지 않았다. 풍차 돌리기는 사실 매달 이자를 받으니 돈 모으는 재미를 위한 테크닉이라 볼 수 있다. 즉, 다른 방법으로 돈 모으는 재미를 알고 있는 사람들을 위한 재테크 방법은 아니다.

풍차 돌리기를 하기 위해서는 12개의 적금 통장에 가입해야 하고 매달 12개의 적금 통장에 납입해야 하는 수고가 든다. 노력 대비 아웃풋이 크지 않으며 과정이 번잡하다. 결과적으로 절약과 돈 관리 자체를 지레 포기할 수 있다는 것이다.

풍차 돌리기를 한다고, 12개의 통장에 적금을 넣는다고 한들 결국 돈을 지속적으로 모으는 건 본인에게 달려 있다. 마음만 먹으면 모바일로 1분 안에 적금 해지가 가능한 세상이다. 나는 돈을 꾸준히 모으기 위해 풍차 돌리기를 할 시간에 다른 생산적인 일을 하는 편이 낫다고 생각했다. 이것은 나의 돈 관리 철학이다. 어차피 돈을 모을 사람은 모을 것이고, 아닌 사람은 돈을 지하 100m 밑에 숨겨놓아도 찾아 쓸 것이다.

통장 쪼개기는 어떨까? 전문가들은 월급 통장, 비상금 통장, 생활비 통장, 용돈 통장, 적금 통장 등 통장 분신술을 써야 한다고 조언한다. 최소 5개의 통장으로 분리하라는 말인데 나의 경우 월급 통장(생활비 통장), 적금 통장, CMA 통장으로 총 3개만 활용했다. 월급 통장에 월급이 들어오면 적금 통장과 CMA 통장으로 나눠 저축을 했다. 월급 통장에는 나머지 돈이 남아 있으니 그대로 사용하면 된다. 즉, 비상금 통장, 생활비 통장, 여행 통장 등 거창하고 자질구레하게 나눌 필요가 없었다. 어차피 월급의 일부를 먼저 저축하고 남은 돈으로 생활했으니까 말이다. 다만 초보자의 경우 비상금 통장에 예비비를 편성하는 게 좋다.

누군가는 하나의 통장에 돈이 많으면 쓰고 싶은 욕구가 생기니 이름을 붙여 분산해 놓으라고 한다. 물론 이러한 방법이 유효한 사람도 있을 것이다. 그러나 내가 강조하고 싶은 바는 돈 관리도 자기에게 맞는 방법이 있다는 점이다.

재테크를 시작하려는 사람에게 무턱대고 '풍차 돌리셔야 합니다', '통장 쪼개셔야 합니다'라는 조언은 오히려 부담으로 다가갈 수 있다. 언제 12개의 적금 통장을 만들고, 또 통장은 몇 개를 쪼개야 할지 성가실 뿐이다.

고수의 조언대로 통장 쪼개기를 실천하면 최소 17개 이상의 통장이 생기니 통장 부자는 될 수 있겠다. 그러나 다수의 통장을 관리해야 한다는 부담감으로 인해 제대로 시작도 못 해보고 문턱에서 주저앉는 사람도 꽤 많이 보았다.

돈 관리에는 자신만의 철칙이 필요하다.

맹목적으로 전문가의 의견을 따르지 말고,

테크닉이 본인에게 적절한지 생각한 후에 적용하길 바란다.

최대 복병,
에너지 뱀파이어 대처법

뱀파이어. 말 그대로 '피를 빨아먹는 나쁜 사람' 정도로 이해하면 되겠다. 그렇다면 에너지 뱀파이어는 '에너지를 빨아먹는 나쁜 사람'이라고 볼 수 있다. 우리 주변에는 에너지 뱀파이어들이 많다. 내가 무언가를 하려고 하면 사기를 꺾는 그들! 하루에도 몇 번씩 그들은 슬금슬금 접근한다. 조언이라는 무늬를 덧대고 에너지를 뺏어간다.

2년 전의 일이었다. 오랜만에 친구들과 술잔을 부딪치며 근황을 나눴다. "한 달에 150만 원 넘게 모으고 있어. 그 돈으로 아파트 청약 받을 거야." 친구들의 격려가 이어질 줄 알았는데 반전이었다. "150만 원씩 모아도 집 못 사. 청약 경쟁률이 100 대 1이 넘는다는데. 우리는 이생망('이번 생에는 망했다'라는 자조적 표현)이니까 술이나 마시자."

'삼인성호'라는 재밌는 고사성어가 있다. 직역하면 세 사람이 호랑이를 만든다는 뜻이다. 이는 거짓말이라도 여러 사람이 말을 하면 진실처럼 들린다는 뜻을 내포하고 있다. 친구 세 명과 만났으니 '삼인실력'이라 할 수 있겠다. 잃을 실에 힘 력. '세 명의 사람이 의지를 뺏는다'는 뜻이다.

절약 입문자의 경우 에너지 뱀파이어에게 홀릴 가능성이 높다. 뭔가 자신이 잘못한 것 같은 기분이 든다. 한두 명의 이야기는 자신의 신념으로 이겨낼 수 있지만 그 수가 많아지면 무너질 가능성이 높다. 무엇보다 에너지 뱀파이어의 가장 큰 특징은 최측근에서 나타난다는 것이다. 가장 가까운 친구, 배우자, 부모님, 연인 등이 있다.

내 주변에도 에너지 뱀파이어들이 종종 출현한다. 한참 열정을 쏟아부을 때 찬물을 끼얹는다. 특히, 유튜버인 나에게는 익명의 시청자가 악플을 남긴다. 그럴 때 내가 에너지 뱀파이어를 대처하는 방법 몇 가지를 소개하겠다.

하나, 한 귀로 듣고 한 귀로 흘려라.

우리는 누군가의 조언을 얻을 때 그 사람이 해당 경험을 했는지 또는 성과를 냈는지 엄중하게 따져봐야 한다. 그렇다. 에너지 뱀파이어의 대다수는 절약을 해본 사람이 아니다. 해봤다 해도 그 기간은 아주 미미하고 현재는 비절약가일 가능성이 높다. 즉, 그들의 이야기에 맞서서 갑론을박할 필요도 없다. 당신의 라이프 스타일에 왈가왈부할 자격이 없는 사람들이니까. 따라서 한 귀로 듣고 한 귀로 흘리면 된다. 건조한 반응에 상대방은 의욕을 잃을 것이다.

둘, 감사한 마음을 가져라.

고마운 존재다. 상대방으로부터 부정적인 피드백을 들을 때 오기가 생기지 않는가? 괜스레 인생을 잘못 살고 있는지 반성하며 스스로 사기를 떨어뜨릴 필요는 없다. 당신이 절약하고자 하는 이유만 확실하다면 에너지 뱀파이어의 참견을 긍정적인 에너지로 바꿔라. 그것이 오기가 되어 힘들 때마다 자극제가 될 것이다. 그러니 에너지 뱀파이어들을 미워하지 말고 그들에게 감사하다는 발상의 전환을 해보자. 시간이 지나 그들 덕분에 종잣돈을 모을 수 있었다고 고마워하는 날이 올 것이다.

셋, 자신을 칭찬해라.

주변에 에너지 뱀파이어가 득실댈수록 절약을 잘하고 있다는 방증이다. 절약 생활을 하고 있다는 사실을 상대방이 몸소 느꼈으니 참견을 한 것이다. 만약 그런 피드백을 들어본 적이 없는데 벌써 "찌질하다"라는 이야기를 들을까 봐 걱정되는가? 그렇다면 더욱더 절약해야 한다는 신호다.

절약이 당신의 미래를 바꿔줄 것이라는 믿음을 가져라.
그 믿음을 확신으로 바꾸면 흔들리지 않는 신념이 된다.
주변에 에너지 뱀파이어가 많아지기를 고대하라.
당신이 잘하고 있다는 증거니까.
경제적 자유에 더 가까워지고 있다는 시그널이니까.

사야 할 것과
사지 말아야 할 것

투자에만 철학이 필요한 게 아니다. 소비에도 철학이 필요하다. 현명한 절약 라이프를 위한 나의 소비 철학을 이야기하겠다. 돈이 많아 '사지 않는 것', '사는 것'의 구분 없이 소비하면 좋겠지만 합리적인 소비를 위해 그 둘을 분류해 보았다.

내가 강조하는 절약을 요약하면 '가치 있는 소비'이다. 사람마다 가치관이 다르듯 뒤에 설명할 '사는 것'과 '사지 않는 것'이 모두에게 적용되지는 않으므로 참고만 바란다. 예를 들어, 나에게 있어 자동차는 불필요한 소비의 끝판왕이지만 운송업을 하는 사람에게는 가치 있는 소비라고 할 수 있겠다.

사지 않는 것 _____

하나, 돈 먹는 자동차.

직장 생활을 한 지 6년째 되었고 결혼도 하고 아이가 있지만 아직 자동차가 없다. 왜 사지 않았을까? 돈이 부족해서? 우리 가족에게 비용 대비 가치가 없기 때문이다. 출·퇴근 시 대중교통이 오히려 더 빠르고, 교외에 나들이를 갈 때는 도보 20분 거리에 있는 부모님 차를 빌릴 수 있다. 급하게 차를 쓸 필요가 있으면 아파트 주차장 골든 존에 위치한 쉐어링 카를 이용하면 그만이다.

그뿐인가? 자동차 구입 비용, 유류비, 보험비 등 각종 유지비 등도 아낄 수 있다. 그럼 평생 자동차를 사지 않을 거냐고 묻고 싶은 사람도 있을 것이다. 효용이 높아지면 구매할 생각이다. 아마 이 책이 출간할 즈음이 될 것이다. 당연히 경차인 '레이'로 말이다.

둘, 껍데기뿐인 고가 브랜드 상품.

입사 후 1~2년 차 때까지만 해도 명품 한두 개쯤은 있어야 한다고 생각했다. 아르바이트를 해서 엠포리오 아르마니 시계를 샀고, 첫 월급을 받아 MCN 지갑을 샀다. 시계는 36만 원 정도 했고, 지갑은 20만 원쯤이었다. 메탈 시계의 묵직한 맛과 햇빛에 반사되는 반짝거림, 무엇보다 독수리 로고가 매력적이라서 36만 원을 지출했고, 비싼 지갑을 사야 돈이 들어온다는 출처 미상의 말을 핑계 삼아 20만 원을 소비했다. 이는 모두 병에 걸려서다. '있어 보이고 싶은 병' 말이다.

그 이후 경제적 자유를 목표로 삼고 절약 라이프를 이어오며 고가 브랜드를 일절 사지 않았다. 고가 브랜드는 자신을 포장하는 가면뿐이라는 생각이 들어서다. '남들에게 보여주기 위해서 이런 것들이 필요한 게 아닐까?'라는 물음표 끝에 느낌표를 얻었다. 지금은 절약 가치관이 확고히 자리 잡았고 또래보다 자산과 기회가 많아지니 더욱 고가 브랜드에 관심이 없어졌다.

셋, 최신 IT기기.

핸드폰의 약정 기간이 끝난 지 1년이 넘었지만 아직 그대로 사용하고 있다. 핸드폰 기능이 정상 작동하니 바꿀 이유가 없어서다. 무엇보다 약정 기간이 끝났으니 알뜰폰 요금제를 쓸 수 있다. 현재 5,500원 요금제(데이터 1G, 전화 200분, 문자 100통, 데이터 안심 옵션)를 쓰고 있으며, 통신비만 최소 3만 원가량 절약하고 있다.

주위 친구들을 보면 최신 기종이 나올 때마다 평계를 대며 교체한다. IT기기 리뷰어를 하는 블로거나 유튜버라면 모를까, '자기 만족'과 '타인 자랑'을 위해 100만 원이 넘는 거금을 지출한다. 거기에 알뜰폰을 쓸 수 없는 약정이 걸려 있다면 한 달 지출은 큰 폭으로 늘어날 것이다.

사는 것

하나, 가성비 최강인 도서.

과거에는 책값이 아까웠지만 지금은 편안한 마음으로 구매한다. 책은 값어치 이상의 역할을 한다. 책 한 권에 15,000원 내외다. 그 돈으로 저자의 경험, 인사이트, 노하우, 정보를 몽땅얻을 수 있다. 물론, 어떻게 독서를 하고 얼마나 아웃풋을 내냐에 따라 책의 가치는 달라질 것이다. 참고로 알라딘과 같은 중고 서점이나 문화상품권을 활용하면 정가 대비 20% 이상 할인을 받을 수 있다.

둘, 다이렉트 커뮤니케이션이 가능한 강의.

한 달에 수십만 원에 달하는 수강료. 강사의 농축된 노하우를 현실감 있게 받아들이고 상호 피드백이 가능해서인지 가격대가 높다. 그러나 나는 강의료에 쓰는 돈을 아까워하지 않는다. 본전 이상을 뽑아낼 자신이 있기 때문이다. 강의실 맨 앞자리에 앉아 강사와 아이 컨택을 하며 몰입해서 듣는다. 궁금한 것이 있으면 수업이 끝나고 찾아가거나 이메일을 통해 물어본다. 완강은 물론이고 강사와 직접적인 커뮤니케이션을 하며 최대한 그의 노하우를 뽑아낸다.

셋, 돈보다 귀한 시간.

돈을 들여서 시간을 산다. 과거에는 무조건 돈만 아끼는 게 최고라고 생각했지만 아빠, 직장인, 유튜버, 블로거, 글로벌 셀러 등 1인 다역을 하다 보니 사고의 전환이 있었다. 과거에는 고속도로 톨게이트비 3,000원을 아낄 수 있으면 20분을 더 운전했다. 한 달에 3,000원을 벌고자 매일 앱에 들어가 출석 체크를 했다. 이제는 하루를 30시간처럼 살다 보니 시간의 소중함을 알게 되었고 때로는 돈으로 시간을 산다. 가사노동 시간을 줄이고자 식기세척기와 건조기를 샀으며, 부모님 소유의 자동차 세차는 기계에 맡긴다.

돈만 쓰면 편리한 세상에 절약하면 삶이 불편해진다고 말하는 사람들도 있다. 그런데 한번 생각해 보자. 에어드레서가 없던 시절에는 삶이 불행했을까? 해외여행을 가지 않던 시절에는 불행한 삶을 살았을까? 그럼 원시 시대에서 문명이 발전할수록 사람들은 행복해졌을까? 오히려 무분별한 소비로 자본주의의 노예가 되어 삶이 불행해진 것은 아닐까?

경제적 자유를 위해 절약이라는 믿음을 굳건히 해야 한다.
갈대처럼 주변 사람의 말에 흔들리지 말아야 한다.
대나무같이 자신의 소비 가치관을 지켜야 한다.

배우자가
절약을 싫어한다면

퇴근길에 이번 달 가계부를 확인하며 돈을 더 아껴야겠다고 결심했다. 집 현관에 도착하니 황토색 택배 상자가 제일 먼저 나를 맞이했다. 죄 없는 상자를 발로 툭툭 건드리며 아내에게 짜증 섞인 말을 건넸다. 창문이 열린 아파트 복도에서는 바람 소리가 날카로운 비명을 질렀다.

"아니, 이 택배 상자는 뭐야? 돈 모아야 하는데 이걸 왜 사!"

불과 2년 전까지 우리 집에서 나온 소리다. 알다시피 나는 절약왕이라는 닉네임을 가지고 있다. 아내가 사치를 하거나 명품을 사는 것은 아니지만 가치관이 다르기 때문에 충돌이 발생할 때가 있었다. 특히, 아내는 현재의 삶을 중요시하는 반면 나는 미래의 목표인 경제적 자유를 더 추구했다. 우리는 자연스럽게 각자의 주장을 내세우기 바빴다. 그렇다면 더 논리적인 사람의 의견대로 수용되었을까? 수용되기는커녕 서로 감정 소모만 계속될 뿐이었다.

귀한 종이를 빌려 이 이야기를 하는 것은 기혼이라면 이미 이런 고민이 있을 수도, 미혼이라면 결혼 후 비슷한 고민이 생길 가능성이 높기 때문이다. 무엇보다, 어디다 털어놓기 힘든 고민이기에 나의 경험으로 작은 도움을 전하고자 한다.

만약 위와 같은 상황이 발생했다면 절대 상대를 바꾸려 하면 안 된다. 답답해도 참아야 한다. 당신이 절약을 해야겠다고 마음먹었다면 배우자가 쇼핑을 해도 뭐라고 하면 안 된다. 뭐라고 할수록 상대는 미안한 감정이 있어도 당신에게 오히려 반발할 것이다. 그렇다면 어떻게 해야 할까?

첫째, 절약하고 있는 모습을 보여라.

본인이 돈을 어떻게 얼마나 아끼는지 생색내지 말되 간접적으로 보여라. 한 달, 두 달이 지나면 배우자는 절약이 이롭고, 동참해야겠다고 자연스레 느끼게 될 것이다.

둘째, 구체적인 꿈에 대해 이야기하라.

당신이 그리는 경제적 자유가 무엇인지, 자유를 얻은 후 생각하는 미래는 어떤 것인지 구체적으로 이야기하자. 여기서 핵심은 '구체적'이다. 추상적으로 '경제적 자유를 이뤄 세계여행을 하겠다', '가족과 행복한 시간을 보내겠다'는 꿈은 배우자의 마음을 움직이기 힘들 수 있다. 경제적 자유를 이룬 후 원하는 삶에 대해, 가족의 행복에 대해 진정성 있게 이야기하는 것이 좋다.

셋째, 현재 재무 상황을 공유하라.

나는 이 부분에 있어 크게 실수했다. 매달 가계부를 정산하고 나 혼자만 알고 있었다. 배우자는 경제적 자유에 큰 관심이 없으니 당연히 이 또한 무관심할 거라고 착각했다. 그런데 어느 날, 아내가 이야기를 꺼냈다. "왜 혼자서만 지출 내역을 알고 계획해?" 그 순간 정수리에 바늘이 콕 찔린 것 같은 느낌을 받았다. 그 이후 월별 및 연간 지출 내역을 공유하고 계획에 대해 논의했더니 함께 같은 꿈에 한 발짝 더 다가가게 되었다.

넷째, 상대방이 원하는 것을 받아들여라.

당신의 입장에서는 배우자도 절약을 했으면 좋겠다고 생각한다. 그게 가족을 위하는 길이니까 당연히 배우자도 그래야 한다는 신념이 있다. 그러나 배우자의 생각은 다를 수 있다. 그에게는 경제적 자유가 최우선 목표가 아닐 수 있다. 우리 부부의 경우, 아내의 최우선 목표는 '행복한 가정'이다. 따라서 아내는 내가 가족과 더 많은 시간을 보내기를 원했다. 당신의 뜻대로 배우자가 해주길 바란다면, 당신도 배우자가 원하는 것을 적극적으로 실천해야 한다.

이 과정은 어려울 것이다. 쉽다고 말하면 좋겠지만 어려운 게 사실이다. 그러나 이것 하나만 분명히 하기를 바란다. 당신에게 있어 '경제적 자유'가 최고의 목표이자 최선의 목표겠지만, 배우자에게는 아닐 수 있다는 것을. 경제적 자유의 목표는 '행복'이고 행복의 근원은 '가족'이다. 종잣돈 모으는 것에 눈이 멀어 가족과 행복이라는 최종 목표를 잊지 않았으면 좋겠다.

우리 집 냉장고 문을 버젓이 지키고 있는 문구를 소개하며 이 글을 마무리하겠다.

"세상에서 가장 아름다운 가정 하나 만들어내자.
이것은 세상을 탓하기 전에
내가 할 수 있는 가장 보람 있고 위대한 프로젝트다.
더욱이 그것은 나만이 해낼 수 있는
아름다운 사업이 아닌가."

구본형, 《나는 이렇게 될 것이다》, 김영사, p.137

나는 월급쟁이에서 이렇게 독립했다

대세는 시테크,
시간 창조하는 법

    일상에서 "시간 없다", "왜 이렇게 시간이 부족할까?"라는 말을 밥 먹듯이 한다. 나 또한 그랬다. 뒤에 나올 Chapter 4를 읽으면 알 수 있겠지만 현재 나의 직업은 다양하다. 그만큼 시간이 절대적으로 부족하다고 느꼈다.

    돈을 아끼는 재테크만큼 시간을 아끼는 시테크도 중요하다. 자산이 늘어날수록 깨닫는 것 중 하나가 시간이 곧 돈이라는 사실이다. 그래서 시간 문제를 해결하기 위해 '미라클 모닝'을 실천했다. ('미라클 모닝'이란 평소보다 일찍 기상해 자기계발하는 것을 말한다.) 그때까지 나는 전형적인 올빼미족이라고 생각했다. 그러나 책 속에서 만난 부자 선배들은 너도 나도 미라클 모닝의 효과를 이야기했고, 그들을 닮고 싶어 무작정 시작했다.

새벽 4시 30분에 기상한다. 물 한 잔을 들이켠다. 세수를 한다. 자기암시 영상을 틀고 그대로 따라 한다. 떠오르는 태양의 기운을 흡수하며 러닝을 한다. 새벽 독서를 한다. 하루의 일정을 살펴본다. 중요한 일들을 한다. 이것이 나의 미라클 모닝 루틴이다. 과거에는 출근을 하기 위해 6시 30분에 기상했지만 지금은 내 의지로 4시 30분에 일어나 약 2시간의 여유를 확보했다. 이 시간을 통해 새벽 루틴을 이어나가며 긍정적인 효과를 얻고 있다.

성공적인 미라클 모닝을 위해서는 잠들기 전 밤이 중요하다. 밤의 유혹을 이겨내야 한다. 치맥의 유혹, 심야 영화의 유혹 등 일정한 취침 시간을 지켜야 한다. 자연스럽게 시간 관리의 중요성을 깨우쳤다. 시테크에 관심을 가지게 되고 주간, 월간 계획을 세우며 하루, 일주일, 한 달의 성취를 점검하고 있다.

늘 시간이 부족하다고 생각했던 나는 미라클 모닝으로 시테크를 하며 시간을 효율적으로 관리하게 되었다. 나는 자기계발 중 단연 으뜸은 시간 관리라고 생각한다. 그만큼 어려운 일이지만 생산성을 높이는 데 최고다. 시간이 없다고 생각하는가? 그렇다면 미라클 모닝으로 시간을 창조해 보는 건 어떨까? 엄청난 기적이 찾아오지는 않더라도 일상에는 확실한 효과가 있다. 나는 시간 관리, 자존감 상승, 생산성 향상, 긍정적 사고라는 결과를 얻었다.

그런데도 도저히 시간이 없다고 말하고 싶은 사람에게 책 《내 인생 나를 위해서만》의 저자 라인하르트 K. 슈프렝어의 말을 빌려 이야기한다. 시간이 없다는 말은, 그것을 하고 싶지 않다는 뜻과 같다.

Chapter 3

5년에 20억,
현실 재테크로
자산 퀀텀 점프

To. '벼락거지'라고 울부짖는 당신에게

부동산 가격은 쭉쭉 올라가지,
주식으로 돈 번 사람들은 넘쳐나지,
불과 2년 사이에 누군가는 큰돈을 벌었고,
상대적으로 다른 이들은 '벼락거지'가 된 세상.

시류에 탑승하지 못한 자들의 좌절감과 분노가 높아졌습니다.
어떤 이는 끝자락을 붙잡아서라도
자신에게 돌아올 달콤한 파이를 바라고 있죠.

너도 나도 돈을 벌었다는 이야기를 들으며
자신도 쉽게 돈을 벌 수 있겠다고 생각하는 것도 이해합니다.

그런데 말이죠.
제가 공부하고 경험했던 것과
책 속 수많은 선배의 이야기를 종합해 보면 말이에요.

오늘 '좋은 투자'도 내일의 '나쁜 투자'가 될 수 있습니다.

자연스럽게 이 점을 악용하는 사람들이 생기죠.

요즘 문자나 메신저로 주식 리딩 해준다는 연락, 많이 받죠?
'벼락거지'라고 자칭하는 사람들의 심리를 이용한 사기에 불과합니다.

투자는 자신만의 투자 철학이 제일 중요합니다.
남들이 비트코인이 좋다고 하면 비트코인을 사고,
남들이 주식 투자가 좋다고 하면 주식에 투자하는 게 아닌
본인의 투자 원칙으로 꿋꿋이 지키는 투자.

그런 의미에서 이번 챕터에서는,
제 투자 철학과 경험을 토대로 이야기를 풀어나가겠습니다.
잘 모르면서 아는 척 꾸미지 않고,
제가 아는 선까지만 솔직히 말하겠습니다.
각자의 투자 철학이 중요한 만큼
제 말이 절대 원칙은 아니기 때문입니다.

5% 특판 적금의 진실

"오~ 역시 서울머니쇼는 다르긴 다르네. 금리 5%짜리 특판 이라니!"

　2018년 서울머니쇼에 참석한 이의 반응이다. 하나 묻겠다. 그가 이렇게 좋아할 정도로 5% 금리의 적금은 좋은 투자 상품 이라 생각하는가? 그렇다면 한 번 더 묻겠다. 금리 5%, 만기 1 년짜리 적금 통장에 매달 30만 원씩 납입하면 이자는 얼마인지 아는가? 99,004원이다. 아, 세금 15.4%를 깜빡했다. 세후

83,758원이다.

그렇다. 금리 5%만 보면 나쁘지 않은 수익률이다. 그러나 여기에 함정이 있다. 바로, 최대 납입금액과 세금이다. (세금에 대해서는 다른 투자 상품도 존재하기에 상세 설명은 차치하겠다.) 특판 적금의 대부분은 월 30~50만 원 정도의 소액만 납입이 가능하다. 즉, 큰 재미를 보기 힘든 미끼 상품일 뿐이다.

앞에서 5% 특판 적금에 '심 봤다'는 반응을 보인 자는 사실 나였고 나의 흥분된 반응에 은행원은 당황스러워했다. 값진 투자 정보와 트렌드가 넘쳐나는 서울머니쇼의 중앙에 자리 잡고 있는 5% 특판 적금 부스를 보고 "역시 서울머니쇼야!"라고 외쳤던 사람이 바로 나였다. 그러나 본격적인 돈 공부를 하며 비로소 특판 적금의 진실과 마주하게 되었다. 특판 적금을 세밀히 살펴보니 '수익률'과 '기회비용'을 대입해야 똑바로 이해할 수 있다는 결론에 이르렀다.

5% 특판 금리의 실제 수익률은 얼마일까? 이자소득세 15.4%를 제외하면 4.2% 정도이다. 그것도 만기일까지 채워야 4.2%

라도 받는 것이지, 중도해지를 하면 그보다 한참 못 미친다. 그래도 '이게 어디냐'라고 생각하는가? 한 가지 더 살펴보길 바란다. 적금은 매달 꾸준히 넣어야 4.2%의 수익률을 건질 수 있다. 한 달 50만 원이 최대 납입금액이면 매달 50만 원씩 납입해야 하는 것이며, 1년 치인 600만 원을 일시 납입하는 게 아니다.

이게 무슨 말이냐면 600만 원의 4.2%를 이자로 받는 게 아닌, '매달 납입액 50만 원 × 예치 기간'을 따져 이자를 받는다는 뜻이다. 즉, 첫 달의 50만 원은 1년을 예치했으니 12개월 치 이자가 붙지만, 마지막 달의 50만 원은 1개월만 예치했으므로 1개월 치의 이자만 붙게 된다.

통틀어 따져보면 실질적 금리는 얼마일까? 놀라지 마시라. 4.2%보다 훨씬 못 미친 2.3%다. 결과적으로 이자소득세 25,411원을 제외하면 이자는 139,598원이다. 즉, 5% 금리에 과거의 나처럼 정신이 팔려 30만 원의 이자가 생긴다고 오해하면 안 된다. (물론 600만 원을 일시 납입한 게 아니므로 이자가 적은 것이 당연하지만, 내가 강조하고 싶은 부분은 '금리 5%'라는 표현에 현혹되지 않길 바란다는 점이다.)

이번에는 기회비용 차원에서 따져보자. 수년 전 카카오뱅크에서 5% 특판 적금을 오픈한다고 전국이 난리가 났던 적이 있다. 거짓말을 조금 보태면 대다수 국민이 적금을 들겠다고 핸드폰만 바라보고 있던 스릴 넘치는 상황이었다. 접속자가 몰리며 전산 오류가 발생했고 수십 분 동안 핸드폰과 씨름했던 사람들은 결국 가입하지 못했다.

다른 예를 들어보자. 모 지역에 있는 은행 지점에서 5% 특판 적금을 개시한다고 한다. 소문을 들은 김적금 씨는 버스를 타고 해당 지점에 방문한다. 적금 가입에 성공하고 환호를 지른다. 왕복 1시간, 대기 및 가입 1시간, 왕복 교통비 3,000원은 까마득히 잊은 채 말이다. 더 놀라운 사실은 고금리 투자 상품에 가입했다는 성취감에 들떠 돌아오는 길에 아메리카노를 사먹었다고 한다. (누가 그런 바보 같은 짓을 하냐고 생각한다면 착각이다. 인간이 감정적인 소비를 한다는 사실은 이미 많은 연구 결과에서 드러났다.) 즉, 그는 특판 적금을 위해 황금으로 살 수 없는 2시간과 6,000원(교통비＋커피)을 지출했다.

많은 이들은 단순 수익률 개념으로 5%의 금리만 바라보고 흡족해한다. 이제야 무릎을 탁 치며 후회하고 있는 사람도 있겠지만, 괜찮다. 과거 일은 잊어버리고 지금부터 분명히 하자. 수

많은 적금 상품이 '목돈 만들기', '5,000만 원 만들기'라는 솔깃할 것 하나 없는 슬로건을 내세우며 당신을 유혹해도 이제부터 넘어가지 않으면 그만이다.

그렇다면 예·적금은 불필요하냐고 묻고 싶을 것이다. 물론 필요하다. 단, 일정 기간 동안이다. 재테크 공부를 어느 정도 하기 전까지는 안정적인 예·적금을 활용하자. 수익률은 낮아도 정부에서 예금자 보호를 해주는 최고로 안전한 예·적금에 관심을 가져라. 그 후에 자본주의 마인드를 장착하고 본인만의 투자 원칙을 세워라. 그리고 나서 주식이나 부동산 등에 투자해 인내가 맺은 열매를 맛보라.

예·적금만으로 부를 쌓는 파티는 끝난 지 오래다. 베이비붐 세대의 투자 방식을 그대로 답습해서는 안 된다. 당시는 금리 10%가 우스웠던 호시절이었지만 현재는 초저금리 시대라는 사실을 잊지 말자. 무엇보다 투자 정보의 비대칭이 이전보다 많이 완화되었다. 이 말은 경제적 자유가 이제 각자의 노력에 달려 있다는 뜻이다.

종잣돈 1억 원,
꼭 필요할까?

"전군! 돌격하라!"

연합국과 독립국이 하늘과 땅을 걸고 전쟁 중이다. 처절한 전쟁터에서 까마귀의 '까악' 소리가 긴장감을 고조시킨다. 여기저기서 군인의 비명소리, 여성과 아이의 울음소리가 들린다. 연합국은 총 5개국이 연합했으며 병력은 나라별로 각 200명이다. 반면 독립국의 병력은 총 1,000명이다. 병력은 연합국과 독립국이 각 1,000명으로 동일하다. 그 외에 전투 능력, 지략, 화력도 같다.

그렇다면 누가 전쟁에서 승리할 가능성이 클까? 당연히 독립국이다. 독립국은 리더 한 명에 따라 일사불란한 전략을 실행할 수 있다. 반면 연합국은 수장이 여럿이니 역량을 하나로 모으기 어렵다. 과거 역사를 돌이켜보면 중앙 집권 체제를 바탕으로 한 나라가 부강했다. 고구려의 광개토대왕, 백제의 근초고왕, 신라의 진흥왕 시대가 그 예다. 연개소문도 마찬가지다. 천하의 수·당나라도 연개소문을 두려워했으며 100만 대군을 이끌고도 고구려 침략에 번번이 실패했다. 그 뒤로 고구려가 망하지 않았느냐고? 연개소문이 세상을 떠나고 내분으로 인해 중앙 집권 체제가 막을 내렸다.

돈도 마찬가지다. 자수성가 슈퍼리치인 김승호 회장이 말했듯 돈에는 중력이 작용하며 종잣돈의 크기가 클수록 더 큰돈을 끌어모을 수 있다. 자산 1억 원을 군대의 병력으로 비유해 보자. 연합국 소속 5개국은 각 2,000만 명의 군사를 가졌다. 그 병력을 각각 적금랜드, P2P랜드, 주식랜드, 코인랜드, 오피스텔랜드에 2,000만 명씩 투입했다. 반면 독립국의 병력은 한 번에 투입할 수 있는 인원이 1억 명이다. 이 말은 더 기름진 땅을 무리 없이 공략할 수 있다는 뜻이다. 연합국보다 독립국이 꿀이

흐르는 비옥한 땅을 선점하여 공략하기 쉽다.

이렇듯 돈은 모이면 모일수록 강력하다. 그래서 나를 비롯한 많은 이들이 종잣돈의 중요성을 강조한다. 나는 절약 라이프를 시작하며 4년 만에 현금 1억 원을 모았다. 30살과 하이파이브를 하는 시점에 1억 원은 실로 큰 금액이다. 1억 명이나 되는 병력으로 무엇을 했을까? 아파트 청약의 계약금으로 사용했다. 당시 계약금이 8,000만 원 가까이 되었으며 종잣돈이 없었다면 자산 상승의 1등 장군을 놓쳤을 것이다. (반전세로 신혼을 시작해서 일부 종잣돈은 그 보증금으로 활용되었다.) 잘 훈련된 1억 명의 화력은 막강했으며 그 힘으로 무릉도원을 손에 넣었다. 무릉도원은 정예병이 탄생하는 사관학교가 되어 더 강력한 군대를 만들었다. 아파트 청약 당첨은 천운이었고 다 결과론적인 이야기가 아니냐고? 나의 최정예 부대 이야기는 뒤에서 살펴볼 테니 기대하시라.

간혹 종잣돈 1억 원을 모아야 한다는 의견에 의문을 품는 사람도 있다. 그중 자주 볼 수 있는 오해에 대해 살펴보자.

첫째, 1억 원을 모을 때까지 투자를 하지 말아야 한다?

경제적 자유를 이룬 사람들은 말한다. 종잣돈을 1억 원까지 악착같이 모으라고. 그때까지 투자는 하지 말고 공부를 하라고 말이다. 내 생각은 다르다. 나는 종잣돈을 무식하게 예·적금만으로 모았다. 투자 공부도 안 되어 있었고 순진하게 선배들 말을 믿었던 것이다. 만'약'은 삶에 해가 되는 약이지만 한번 끄집어내 보겠다. 만약 종잣돈을 모으기 시작할 때로 돌아간다면 적금만으로 1억 원을 모을까? 내 대답은 '아니오'다.

종잣돈을 모으며 투자 공부를 꾸준히 할 것이다. 공부를 하며 자연스럽게 소액으로 투자할 수 있는 방법을 찾아볼 것이다. 그게 주식이 될 수도 있고, 부동산 소액 투자가 될 수도 있다. 단, 조급한 마음에 하는 투자 말고 내 투자 원칙이 세워진 다음에 시도할 것이다. 사격 훈련에서 백발백중 맞힌 군인과 백전노장의 군인 중 누가 실제 전투에서 강할까? 당연히 백전노장이다.

실전은 훈련과 다르다. 돈과 투자 실력도 마찬가지다. 소액의 투자 경험이 있어야 큰돈을 잘 굴릴 수 있다. 1억 원을 모을 때까지 숨을 죽이며 기다리지 마라. 투자 공부를 하고 자신에게 맞는 투자처에 소액이라도 투자를 하라. 손실을 보면 어떻게 하냐고? 전장에서 당신의 병력을 잃게 되더라도 전투에서 졌을 뿐 전쟁에서 진 게 아니다. 전쟁은 당신의 인생 전체이고 전투는 그 돈을 모은 기간에 불과하다.

돈을 흔히 눈에 비유한다. 차가운 콘크리트 위를 흩날리는 눈은 구름이 사라지고 태양이 뜨면 금방 녹는다. 이는 푼돈이다. 아이가 만든 새하얀 눈사람은 태양이 안간힘을 써도 쉽게 녹지 않는다. 이는 종잣돈이다. 1억 원을 모으기 전에 투자 경험을 갖추는 한편, 1억 원을 모았을 때 생기는 '중력의 힘'은 '스노우볼'처럼 위대한 것임을 잊지 마라.

둘째, 종잣돈의 기준은 1억 원이다?

군대 안에는 다양한 부대가 있다. 육, 해, 공군 그리고 상세히 들어가면 해병대, UDT(해군 특수전전단) 등이 있다. 그들은 동일한 전략을 추구하지 않는다. 각 부대의 입영 시험부터가 다르다. 일반 육군은 신체만 건강하면 되지만 UDT는 수영은 물론이고 강도 높은 시험을 통과해야 한다. 따라서 "종잣돈의 기준은 1억 원이다"라고 누군가 말해도 곧이곧대로 들을 필요가 없다. 그 사람과 당신은 외모부터 성격, 투자관까지 다르다.

예를 들어보겠다. 김버핏 씨가 집중하고자 하는 투자는 주식이다. 그렇다면 종잣돈 1억 원을 모을 때까지 기다릴 필요가 없다. 그런데 만약 당신이 주력으로 생각하는 투자 방법이 부동산 소액 투자라면 1억 원 또는 5,000만 원까지 모을 필요가 있다.

하나 분명히 하는 것이 좋겠다. 인간의 마음은 간사하다는 사실 말이다. 그러니 종잣돈의 기준을 정할 때는 자신과 마주 앉아 이야기를 나눠라. 하루 빨리 목표를 달성하고 싶은 건지, 자신의 투자관과 일치하는 선택인지.

정리하자면, 목표로 한 종잣돈을 모을 때까지 훈련(공부)만 하지 말고 종잣돈의 기준을 세상이 정한 대로 따르지 마라. 때로는 실전 경험도 필요하며 그렇게 더 강해지는 법이다.

단, 어떠한 상황에도 흔들리지 않을 당신만의 '투자 원칙'을 지니고 '조급함'을 없애라. 아무 사명도 없이 복수심에 광기가 어린 장수는 패배하는 법이다. 당신은 명장이 되고 싶은가, 패장이 되고 싶은가? 당신의 선택에 달려 있다.

2030세대의
특별한 혜택

　N포세대라고 좌절하지 말라. '벼락거지'라고 울분을 토하지 말라. 우리에게는 엄청난 특혜가 있다. 부잣집 자녀, 정치인의 자녀만 갖는 특혜가 아닌 모든 2030세대가 가질 수 있는 특별한 혜택 말이다. 그 혜택은 바로 '복리의 마법'과 '시간의 힘'이다. 복리는 이자에 이자가 붙는 시스템을 말한다. 즉, 꾸준히 돈이 투입되면 시간이 지날수록 원금보다 훨씬 불어난다. 이렇게 말하면 체감상 와닿지 않을 것이다.

스타크래프트라는 게임을 아는가? 한정된 자원으로 여러 종족이 전쟁을 하는 전략 게임이다. 게임에서 미션을 쉽게 수행하기 위해 치트키를 입력할 수 있다. 그중 가장 사랑받는 치트키를 외치겠다.

"Show me the money!"
자원의 양을 늘려주는 치트키다.

여기에 글자 몇 개를 추가하자.

"Show me the money in the future!"
미래에 가질 돈을 보여달라는 뜻이다.

이 치트키를 이해하기 위해 아인슈타인이 언급한 세계 8대 불가사의를 알아보자. 흔히 과학으로 설명할 수 없는 신비한 일들을 가리켜 '세계 7대 불가사의'라고 표현하지만, 천재 물리학자 아인슈타인은 위대한 '복리의 마법'까지 포함해 세계 8대 불가사의라고 표현했다. 여기서 복리의 마법은 아인슈타인이 제시한 '72법칙'으로 보충 설명할 수 있다. 72법칙은 투자할 때 복리를 통해 원금을 2배로 늘리는 기간을 구하는 계산식이다.

원금이 2배 되는 기간 = 72 / 연 수익률

만약 원금이 1억 원이고 수익률이 9%라면 원금의 2배인 2억 원이 되는 데 8년이 걸린다. 수익률이 동일하다는 가정하에 2억 원이 4억 원으로 되려면 다시 8년이 걸린다. 한 번 더 반복하면 8억 원이 된다. 이를 표로 정리하면 다음과 같다.

투자 기간	금액	투자 기간	금액
1년	1억 원	17년	4억 원
9년	2억 원	25년	8억 원

2배가 되는 첫 회차에는 1억 원이 늘었고, 두 번째 회차에는 2억 원이, 세 번째 회차에는 4억 원이 불었다. 즉 시간이 지날수록 스노우볼링되는 복리의 마법을 확인했다. 투자 기간이 8년 단위여서 멀게 느껴지니 실감이 안 날 수 있다. 그럼 연 단위로 복리의 힘이 얼마나 대단한지 살펴보자.

나는 월급쟁이에서 이렇게 독립했다

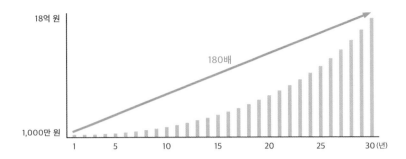

18억 원

180배

1,000만 원

1　　5　　10　　15　　20　　25　　30 (년)

　　투자 기간 30년, 연 투자 금액 1,000만 원, 연 수익률 10%를 가정했다. 원금은 1,000만 원이다. 이럴 때 복리의 힘을 받았다면 결과는 어떻게 달라졌을까? 놀라지 마시길. 무려 18억 원이다. 원금의 180배나 많다. 그렇다. 이것이 '복리의 마법'이다.

　　이번에는 '시간의 힘'을 더 적나라하게 보여주겠다. 다른 상황은 동일하고 투자 기간을 70년까지 늘리겠다. 지금 당신이 30살이라면 100살까지 산다고 가정하는 것이다.

　　70년을 기준으로 원금보다 무려 8,676배나 많다. 30년을 기준으로는 180배, 60년을 기준으로 했을때는 3,338배 그리고 70년을 기준으로 했을 때는 8,676배라는 것이다. 70년 동안 연 1,000만 원씩 불입하고 수익률이 10%였다면 867억 원이다. (물론 세금도 공제해야 한다.) 즉, 시간의 힘을 바탕으로 복리의 효

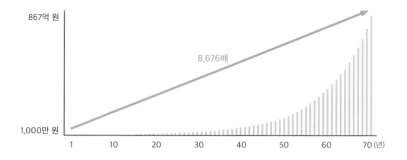

과가 더 커진다는 사실을 알 수 있다.

　지금 50대가 재테크를 시작해도 노동이 가능한 연령까지는 10여 년 남았다. 물론 퇴직 후 다른 일을 할 수 있지만 대부분 근로 조건이 좋지 못하다. 반면 나와 같은 2030세대는 약 30년 남았다. 10년과 30년은 복리를 적용하면 천지를 개벽하고도 남을 시간이다. (물론 우리는 30년보다 훨씬 빨리 '월급 독립'을 이룰 수 있다.)

　그래서 우리는 특혜를 받았다는 것이다. 더 이상 N포세대라며 자조적으로 말하지 말자. 2030세대에게는 중장년층이 누리기 어려운 무적 치트키가 있다고 생각해 보는 건 어떨까?

아들아,
주식 투자 하지 마라

"아들, 주식 투자 잘못하면 패가망신하니 꿈도 꾸지 마!"

싱그러운 대학생 시절이나, 쭈뼛쭈뼛한 신입사원이 되었을 때나 새로운 삶을 시작할 때면 어머니는 늘 두 가지를 강조하셨다. 하나는 신용카드를 만들지 말라는 것이고 다른 하나는 주식 투자를 하지 말라는 것이다.

그도 그럴 것이 우리 가족의 경제적 어려움은 주식과 관련이 있었다. 아버지는 증권 회사를 다니며 주식 관련 업무를 하셨다.

그와 관련된 일이 잘 풀리지 않아 우리 집안은 출구가 보이지 않는 까만 어둠으로 빠지게 되었다.

어머니의 말씀과 가난했던 기억은 '주식＝실패'라는 신념까지 만들게 되었다. 자연스럽게 주식 투자는 절대 하면 안 된다는 생각이 오랜 기간 나의 마음 한편에 자리 잡게 된 것이다. 학교 현수막에 걸린 '주식 투자 가상대회'를 거들떠보지도 않았고 친구들이 주식 이야기를 할 때는 두 쪽 귀를 모두 닫아버렸다.

여기에 생각을 확고하게 굳혀준 것은 드라마나 뉴스 속 인물이었다. 주식 투자 하면 패가망신한다는 말처럼 드라마에 나오는 주식 투자자, 뉴스 속 인물은 주식 투자에 실패한 경우가 많았다. (정확히는 실패한 사람 위주로 보도되었을 것이다.) 이런 사례들도 내가 주식 투자를 멀리하는 데 일조했다.

그렇다면 지금 내가 주식에 손도 안 대느냐? 목차를 미리 훑어봐서 알겠지만, 아니다.

주식 불신자였던 나에게 어떤 일이 생긴 것일까? 나의 강철 같은 '주식 불신론'을 산산조각 낸 정체는 대체 무엇일까?

나는 월급쟁이에서 이렇게 독립했다

투자와 투기의 차이 _____

　재테크 도서를 무서운 속도로 읽기 시작하며 놀라운 사실을 발견했다. 같은 시황인데도 누군가는 돈을 벌고 누군가는 돈을 잃는 이유를. 투기를 한 사람은 돈을 잃고 반면 투자를 한 사람은 돈을 벌었다는 것을. 주식 시장이 불황이라도 좋은 투자를 한 사람은 수익의 맛을 보았다는 것을.

　'투자'와 '투기'의 차이는 무엇일까? 흔히 전문가들은 '장기 투자 여부', '운과 실력' 등으로 투자와 투기를 구분한다. 그러나 나는 사실 '노력과 수익의 상응성'에 따라 나뉜다고 생각한다.

　예를 들어보자. 전문가가 종목을 하나 집어준다. 매수를 하면 돈을 벌 수 있다고 호언장담을 하는 상황이다. 여기 두 사람이 있다. 한 사람은 전문가의 말만 듣고 1억 원을 투자했고 5,000만 원의 이득을 보았다. 반면 다른 사람은 전문가의 말을 참고하고 본인의 원칙과 공부 결과를 종합해 1,000만 원을 투자해서 1억 원의 수익을 봤다. 그럼 여기서 누가 투자를 했고 누가 투기를 한 걸까?

　나는 전자가 '투기'이고 후자가 '투자'라고 생각한다. 즉 누군가의 말만 듣고 실행한 '묻지 마 투자'는 '묻지 마 투기'와 마찬가지이고 수입이 난다고 해도 역설적으로 불행한 결말을 초래할 수 있다. 전문가의 예측이 항상 맞을 수 없을뿐더러 '투기'를 한 사람은 계속해서 요행을 바랄 수밖에 없고 결국 큰 손실을 볼 가능성이 높다. 본인의 신념이 없기 때문에 하락장이 오면 버티지 못하고 악수를 두게 되는 것이다.

아들, 주식 투자 시작합니다 ─────────────

돈 공부를 시작하기 전까지는 주식 투자자에 후향적 차트 분석에 의존한 차티스트만 있는 줄 알았다. 즉, 가치 투자자는 없다고 생각했다. 다양한 주식 투자 방법이 있지만 차트만을 보고 미래를 점치는 투자자들만 있다고 오해해 주식 투자는 위험하다는 신념이 생겼던 것이다.

이후 '투자'와 '투기'의 차이를 정립하고 주식으로 수익을 낼 수 있다고 판단하게 되었을 때, 오랜 기간 나와 함께한 '주식 불신론'을 불식했다. 그 당시 코스피 지수가 2,000을 넘어서고 삼성전자 주식은 '10만전자'가 될 것이라는 전문가들의 이야기가 있었다. 또한, 테슬라 주가 폭등을 예언한 캐시우드가 이끄는

나는 월급쟁이에서 이렇게 독립했다

ARK사의 ETF(상장지수펀드, 펀드를 주식처럼 거래할 수 있음)를 구입하라는 조언도 있었다. 그런 이야기를 귀담아듣지 않고 미국 주식, 초우량 인덱스 펀드(주가 지수에 따라 수익률이 결정되는 펀드)를 선택했다. 바로 나의 투자 원칙과 상황에 적합했기 때문이다.

ARK사의 펀드 상품을 구매하지 않은 이유는 간단하다. 초우량 인덱스 펀드인 블랙락의 IVV나 인베스코의 QQQ에 비해 자산 규모가 월등히 낮고 운영 기간이 짧았기 때문이다. IVV의 자산 규모는 350조 원이고 QQQ는 214조 원인 반면, ARK사의 ARKG는 9조 원, ARKW는 8조 원이었다.

고백하건대, 나의 주식 투자금은 약 5,000만 원에 불과하다. 주로 인덱스 펀드와 초우량 1등 기업 주식으로 구성되어 있으며 적립식 투자를 했다. 적립식 투자란 한 번에 매수하지 않고 정기적으로 야금야금 매수하는 투자 방식을 말한다. 참고로 투자를 시작한 지 1년이 되지 않았는데 수익률은 30%가 넘는다. 만약 매년 이 정도 수익률이라면 한국의 워런 버핏이라 자칭해도 될 만큼 높은 수준이다. 내가 투자를 잘해서 이런 수익률이 발생했을까? 아니다. 시장이 호황이었고 신념과 투자 원칙이 있었기 때문이다.

이처럼 주식 투자가 무조건 위험한 것만은 아니라는 사실을 '투자'와 '투기'의 차이를 깨달으며 배울 수 있었다. 그렇다면 하필 많은 주식 중 왜 미국 주식일까? 그 답은 다음 이야기에서 계속 이어가겠다.

주식 불신자가
미국 주식을 택한 이유

내가 미국 주식을 선택한 이유로는 몇 가지가 있다.

첫째, 당시 부동산 투자를 할 수 없었다.

아파트 청약 당첨이 된 상태라서 다른 주택을 매수할 수가 없었다. 주택 매수 시 거주 중인 행복주택에서 퇴거해야 했고 취등록세 중과가 걸려 있었다. 뒤에서 자세히 설명하겠지만 나의 성향은 '주식'보다 '부동산' 투자에 적합하다. 다만 부동산 투자를 선호해도 1년 넘게 제로 금리 수준의 예·적금에 넣는 건 돈에 대한 예의가 아니라 생각했다. 당시 주가는 코로나 팬데믹의 영향을 다 회복하지 못한 상태였다.

둘째, 당시 환율이 낮았다.

환율은 1,100원 언저리에 있었고 주가가 많이 오르지 않더라도 추후 환차익(환율이 높을 때 달러를 원화로 바꿔서 생기는 이익)을 볼 수 있을 거라고 판단했다. 한국은행 경제통계시스템 자료를 분석하면 지난 20년간 원-달러 평균 환율은 약 1,129원이었다. 즉 평균보다 당시 환율이 3% 정도 낮은 상태라서 주식을 매수해도 되겠다고 생각했다. 또한 달러는 세계에서 통용되는 기축통화인 만큼 원화나 제3국의 통화보다 안전하다고 판단했다.

셋째, 주식에 대해 면밀하게 공부할 시간이 없었다.

직장인, 유튜버, 블로거, 자기계발 모임 멤버, 작가, 아빠 등 다양한 역할을 수행하느라 주식 공부에 몰입할 시간이 부족했다. 따라서 S&P 500 지수를 추종하는 IVV 종목이나 나스닥을 추종하는 QQQ를 집중적으로 매수했다. 이는 인덱스 펀드로 한두 개 상위 기업이 아닌 수십, 수백 개 기업의 주식을 패키지로 살 수 있어 개별주보다 안전하다.

인덱스 펀드가 위험할 가능성은 없을까? S&P 500 추종 인덱스 펀드나 나스닥에는 글로벌 초우량 기업들이 속해 있다. 또한, 실적이 좋은 기업과 나쁜 기업을 꾸준히 '인앤아웃' 한다. 이 말은 인덱스 펀드가 무너지면 어차피 코스피나 코스닥은 더 큰 영향을 받는다는 뜻이다. 2008 세계금융위기 때 나비의 날갯짓이 폭풍을 몰고 오지 않았는가? 태풍을 맞아야 한다면 차라리 그 한가운데 있는 게 안전할지 모른다는 생각이 미국 주식 투자를 하게 만들었다.

넷째, 주주 친화적으로 배당률이 높다.

주식에 관심이 많은 독자라면 알 것이다. 우리나라는 배당률이 지나치게 낮으며 주주 친화적인 주식 시장이 아니라는 것을. 반면 미국 주식 시장은 그와 반대다. 물론, 무조건 배당률이 높은 것만이 능사가 아니다. 다만 주가가 떨어질 경우 배당금을 받아 손실을 상쇄하는 효과가 있기에 중요하다.

이 책에서 주식 매도 기술까지 알려줄 수 있다면 좋겠으나 솔직히 말하면 매도를 해본 적이 없다. 위의 네 가지 아이디어를 토대로 매수를 했지만, 팔지 않는 것이 나의 원칙 중 하나이기 때문이다.

　그렇다면 나는 언제 주식을 매도하게 될까? 간단하다. 세 가지 조건이 충족되어야 한다. 하나는 투자금을 부동산 투자로 대체할 때, 다른 하나는 부동산 투자금이 부족할 때이며 나머지 하나는 연 250만 원 수익을 실현할 때 양도소득세를 면하기 위해서다. (해외 주식의 수익이 연 250만 원을 초과하면 초과 수익금의 22%를 양도소득세로 납입해야 한다.)

　당장 시급하지 않은 종잣돈으로만 주식 투자를 했기에 주가가 당장 오르내려도 동요하지 않는다. 물론 지금의 수익이 최정점일 수 있다. 그러나 최고 수익률은 신의 영역일 뿐 그 누구도 모른다. 워런 버핏조차 추측할 뿐이지 장담하지 못한다. 만약 누군가 지금이 최고점이나 최저점이라고 확신한다면 그를 경계하라. '사짜'일 가능성이 높다.

　내가 미국 주식을 시작한 이유는 단순한 아이디어에 불과할 수 있다. 그러나 워런 버핏을 포함한 투자의 귀재들은 하나같이 이야기했다. 단타가 아닌 가치 투자를 하라고.

　그리고 세계 최고의 투자자인 워런 버핏이 가족을 위해 미리 작성한 유언이 인덱스 펀드 투자를 마음 먹은 나에게 강한 민음을 주었다.

"재산의 90%는 S&P 500 인덱스 펀드에 투자하고, 나머지 10%는 미국 단기 국채에 투자하라."

부먹과 찍먹,
주식과 부동산의 공통점

국민 대통합이 되기 어려운 팽팽한 논쟁이 있다. 바로 '부먹' 과 '찍먹'. 노릇노릇한 탕수육에 소스를 부어 먹는지 아니면 찍어 먹는지에 관한 결코 끝나지 않을 이 주제. 투자계의 양대산 맥인 부동산과 주식에도 투자자마다 성향이 뚜렷이 다르다. 특히 각 전문가의 이야기를 들어보면 부동산 전문가는 부동산 투자가 좋다고 하고 주식 투자자는 주식 투자가 좋다고 한다. 전문가들도 부먹파 대 찍먹파처럼 의견이 분분한데 이제 막 투자를 시작하는 사람들에게 어찌 혼동이 없을까?

인터넷 재테크 카페에 흔히 올라오는 사례를 각색해 봤다.

"부동산과 주식 시장 모두 아주 뜨겁네요. 저는 30대 초반인데 남들한테 짠돌이 소리를 들어가며 5,000만 원을 모았습니다. 그런데 종잣돈을 더 큰 규모로 모아야 할지 아니면 이제 투자를 해야 할지 고민 중이에요. 부동산과 주식 중에 하나를 선택해서 하고 싶은데 뭐가 나은 투자 방법인지 모르겠네요. 부동산으로 수익을 본 투자자는 부동산이 최고라 하고 주식으로 성공한 사람은 주식을 하라고 말하더군요. 만약 여러분이라면 어떤 선택을 하시겠어요? 어떤 투자의 수익률이 더 높을까요?"

내 의견을 말하기 전에 이것 하나만 분명히 하자. 나는 부동산 전문가도 주식 전문가도 아니다. 다만, 다른 사람보다 조금 더 일찍 경제적 자유라는 여행을 출발한 사람이다. 여행길에 오른 후 지금까지 종착지를 향해 70%의 여정을 지나오고 있다. 비바람을 맞으며 뚜벅뚜벅 걷기도 하고 운이 좋으면 히치하이킹에 성공해 점프도 했다. 여행을 시작하기 전에 어떤 준비물이 필요할지, 얼마만큼 체력을 길러야 하는지, 무슨 마인드를 가져야 하는지 나의 경험과 노하우를 토대로 이야기할 뿐이다.

다시 부먹파와 찍먹파 이야기로 돌아가자. 부먹파인 사람은 소스를 부어 먹을 때 최고의 맛을 느낄 것이다. 그렇다면 찍먹파인 사람도 소스를 부어 먹어야 진정 맛있을까? 아니다. 찍먹파는 찍어 먹는 맛을 사랑하는 사람들이다. 부먹파는 새콤달콤한 소스가 튀김옷을 감싸는 바로 그 맛! 덜 바삭하지만 묵직한 식감을 좋아하는 자이고, 찍먹파는 풍부한 소스 맛 대신 바삭함을 선호하는 자이다.

부동산이나 주식도 마찬가지다. 부동산 투자의 수익률이 더 높으니 너도 부동산 투자를 해야 한다는 것은 개인의 성향을 무시하는 발언이다. 사람에 따라 주식이 맞을 수도 있고 부동산이 맞을 수 있다. 또는 흑백논리처럼 둘 중 하나를 택하지 않고 내 방법대로 카멜레온으로 빙의해 환경에 맞는 옷을 입을 수 있다. 나는 찍먹파지만 때로는 부먹을 선호할 때도 있다. 홍콩반점의 찹쌀탕수육처럼 바삭한 튀김의 탕수육일 경우 찍어 먹는 편이다. 초보 중국집에서 파는 것처럼 딱딱한 튀김옷을 입은 탕수육이면 부어 먹는다. 이처럼 상황에 따라 다른 선택을 한다. 그래서 앞서 이야기했듯이 내 성향은 부동산 투자에 적합하지만 현재 미국 주식 투자를 하고 있는 것이다.

상담자의 질문으로 돌아가서, 일단 그의 질문부터 바꿔야 한다. "어떤 투자의 수익이 좋을까요?"보다는 "각 투자의 장단점은 무엇인가요?", "어떤 투자가 저에게 맞을까요?"로 말이다. 그렇다면 부동산과 주식 투자에 적합한 사람은 누구일까? 부동산은 발품이 진리다. 시세 트래킹이나 임장 지역 사전 탐색과 같은 손품도 중요하지만 현장에서만 확인할 수 있는 발품이 중요하다. 나는 한창 부동산 임장을 다녔을 때 하루에 4만 보 가까이 걸었다. 귀가하는 길에 녹초가 되어 오한까지 느낄 정도였지만 새로운 동네를 간다는 설렘과 현장에서 배운 교훈으로 하루하루가 재밌었다.

한편 주식 투자는 손품이 중요하다. 의자에 앉아 마우스 커서에 눈을 함께하며 기업 가치와 주가를 분석해야 한다. 즉, 부동산은 '현장형'이고 주식은 '분석형'이다. 따라서 분석보다는 새로운 곳에 다니는 걸 좋아하거나 체력적으로 자신이 있는 사람은 아무래도 부동산 투자가 맞을 수 있다. 물론 부동산 투자에 있어 분석이 중요하지 않다고 말하는 것이 아니니 오해하지 말아달라.

또한 부동산 투자는 큰 종잣돈이 필요한 데 비해 주식은 소액만 있어도 가능하다. 필요할 때 자금을 옮기는 환금성 또한 중요한 요인이며 부동산은 단어 그대로 움직이지 못하는 '동산'인 만큼 매매가 쉽지 않다. 자신이 모아놓은 종잣돈과 미래에 지출해야 하는 지출 등을 고려하여 '부동산'이 나에게 맞는지 혹은 '주식'이 본인에게 적합한지 판단하는 게 좋을 것이다.

그래도 간단한 솔루션을 제시하겠다. 개인적 의견이지만 좋은 영감이 떠오르길 바라는 마음으로 작성한다. 보편적인 경우에 해당하므로 참고하자. 일단 아파트 특별공급 자격이 없다면 아파트 청약을 기다리지 말고 '주식'보다 '주택'을 매수하라고 말하고 싶다. 참고로 특별공급 자격은 한국부동산원의 '청약홈' 사이트에 접속해 최신 모집 공고를 확인하면 된다. 단, 청약 제도는 수시로 바뀐다는 것을 기억해달라. 젊은 세대에게 청약 일반공급은 가능성이 거의 없으며 기껏해야 추첨제를 기대해야 하는데 이는 유주택자들도 참여할 수 있어 경쟁률이 하늘의 별 따기이다. 일말의 가능성을 가지고 열 번 찍어 안 넘어가는 나무 없다며 무한 청약을 하다가 당신의 자산 가치만 평가절하되는 수도 있다.

서울 아파트 중위 가격은 10억 원이 넘어간다. 아파트를 매수하기에는 너무 비싸다는 아우성이 여기까지 들린다. 생각을 바꾸자. 소중한 돈을 지키고 불리기 위해 상승 여력이 있는 투자처를 매수하고 당신은 다른 지역에서 전·월세로 살면 그만이다. 부동산 규제가 심하다고? 무주택자가 1주택자가 되는 데는 무관하다. 또 볼멘소리가 나온다. 일본처럼 버블이 터지면 어쩌냐고, 미국처럼 서브프라임 모기지 사태가 생기면 어쩔 거냐고.

반려견인 뽀삐를 데리고 은행에 갔다고 가정하자. 은행원에게 뽀삐 앞으로 주택 담보 대출을 받겠다고 혈통 증명서를 들이민다. 이게 무슨 소리인지 싶은가?

과거 일본의 경우 주택의 가치보다 많은 대출을 해줬다. 미국의 경우 집 주인의 개 앞으로 주택 담보 대출을 승인했다. (이게 무슨 개가 대출을 받는 개소리인가 싶겠지만 영화 〈빅쇼트〉에 나온 사례이다.) 즉, 일본과 미국의 부동산 가격이 무너진 큰 이유는 주택 가치보다 높은 대출액이 있었기 때문이다. 즉, 대출 규제가 약했다. 그러나 우리나라는 대출을 받기가 무척 까다롭다. 조정 지역의 경우 1주택자도 잘해야 감정평가액 또는 분양가액의

40%, 서민 실수요자라고 해도 50%까지 대출이 가능하다.

만약 아파트 특별공급 자격이 있고 당첨될 가능성이 있다면, 뒤에서 자세히 설명하겠지만 '몸테크(불편을 감수하며 작은 평수에서 사는 것)'를 하며 신혼집 비용을 최소화해야 한다. (다만 배우자와 충분한 공감대를 형성하고 믿음을 주자. 틈만 나면 놀러 다니고 공부도 안 하면서 몸테크를 한다고 하면 믿음이 안 갈 것이다.) 주위 친구들이 30평대 신축아파트 전세로 시작해도 부러워할 필요 없다. 3년, 5년 뒤면 분명히 역전된다. 행복주택에 입주할 여건이 되면 베스트이고 그렇지 않다면 20~30년 된 구축아파트나 빌라에서 시작하라. 큰 평수 말고 10평대 정도에서 말이다. 하나 명심해 두면 좋겠다. 특별공급 자격이 있다고 해서 청약에 올인하고 주택을 매수하지 말라는 이야기가 아니다. '당첨 가능성'을 염두에 두자. 현재 자녀 수는 몇 명인지, 가산점은 몇 점인지, 청약 받으려는 지역의 최근 당첨 커트라인은 어땠는지 꼭 살펴봐야 한다. (청약에 대해서는 뒤에서 자세히 설명하겠다.)

결정적으로 종잣돈만 모으지 마라. 결혼 계획은 언제인지 또는 청약은 언제쯤 받을 계획인지 미리 계산하자. 그 기간이 최소 2년 이상이면 초우량 주식 투자를 먼저 시행하는 것도 좋은 방법이다. 역사적으로 보면 S&P 500을 추종하는 인덱스 펀드는 우상향 그래프를 그렸다. 그러나 여기서 한 가지 주의할 점. 당신이 주식을 매수한 시기가 2008년 세계금융위기 같은 이벤트가 오기 직전일 수도 있다. 이 점을 유념하자. 당신의 피 같은 전 재산을 '올인'하는 것은 바람직하지 않다.

정리하자면, 아파트 특별공급 자격이 없으면 매수한 주택에 살든 안 살든 '부동산'부터 먼저 매수하자. 특별공급 자격을 갖췄고 당첨 가능성이 있다면 여유 자금을 안전한 '인덱스 펀드'에 투자하고 아파트 특별공급을 노려라.

다만 앞에서도 언급했듯 내가 모든 투자에 통달하지는 않았기에, 참고로 삼아 자신의 상황에 맞게 조합하길 바란다.

비트코인 부자,
나도 가능할까?

"비트코인으로 퇴사합니다."

일주일에 한 번 서점을 간다. 그곳에 가면 트렌드를 알 수 있다. 나는 재테크 유튜버이자 블로거이기에 돈과 관련한 유행에 관심이 많다. 얼마 전 서점을 방문했을 때 비트코인으로 퇴사를 했다는 내용의 책을 접했다. 대한민국 상당수 직장인이 꿈꾸는 '퇴사'라는 키워드와 '비트코인'이 연결되었으니 독자가 혹할 만하다. 그러나 비트코인은 에버랜드에 있는 T익스프레스만큼 등락이 심하다. 따라서 나의 투자 원칙에 위배되기 때문에 비트코인 투자를 실행한 적은 없다.

수년 전부터 경제적 자유라는 청운을 품고 출·퇴근길 지하철에서 재테크 책을 읽었고, 걸어다닐 때는 부동산 팟캐스트를 들었다. 심심할 때는 유튜브로 성공한 사람들의 이야기를 들으며 그들의 마인드와 투자 원칙을 배워나갔다. 그렇게 1년, 2년이 지나니 마인드와 지식의 융합이 일어나며 나의 투자 원칙이 생겼다.

첫째, 폭등과 폭락이 심한 상품을 경계한다.

내가 비트코인을 하지 않는 결정적인 이유다. 투자의 결과는 신만이 안다. 내가 매수한 시점이 최저점일 수도, 최고점일 수도 있다. 비트코인은 이러한 등락 폭이 크기 때문에 불안정하다. 또 비트코인은 24시간 거래가 가능하다. 주식만 해도 하루 종일 주가 창을 들여다보는 사람이 많은데 비트코인 투자를 하면 일상생활이 어렵지 않을까? 나는 폭등과 폭락이 심한 상품을 경계하기 때문에 인덱스 펀드를 메인으로 주식 투자를 한다.

둘째, 전문가의 말을 맹신하지 않는다.

전문가의 이야기를 무조건 따르면 내 투자 원칙이 무너진다. 원칙은 '무슨 일이 있어도 지켜야 하는 것'이다. 예를 들어, 누군가 지식산업센터 투자와 같은 현금 흐름형에는 관심이 없고 아파트 투자 같은 시세차익형에만 투자하겠다고 결심했다. 그러던 어느 날 전문가들이 지금은 지식산업센터 투자를 해야 할 때라고 이야기한다면? 그럴 때 나는 그들의 말을 '전적'으로 믿지 않는다. 정확히는 그들의 이야기를 참고만 한다. 분석하고 정보를 받아들여 활용할지는 내가 결정한다.

셋째, 3년 이내 매도하지 않을 상품에만 투자한다.

나는 단기 투자보다 장기 투자형이다. 여러 책과 선배들의 이야기를 종합한 나의 투자 원칙이다. 투자 결과는 아무도 모른다. 초단기간이면 어느 정도 예측이 가능하지만 '단타'를 치다가 손실을 볼 가능성이 있다. 1년짜리 데이터와 3년짜리 데이터 중 어느 것이 더 정확할까? 당연히 후자다. 따라서 생겨난 지 최소 3년 이상 된 투자 상품만 선호한다.

넷째, 최악의 대출 금리를 가정한다.

가정이 흔들리지 않는 투자. 내가 추구하는 투자 원칙이다. 투자를 하는 목적은 '가족의 행복'을 위해서다. 우선순위가 뒤바뀐 투자를 하지 않겠다는 뜻이다. 나는 늘 아파트 청약을 받기 전 계획을 세웠을 때처럼 투자에 필요한 원리금(갚아야 하는 원금과 이자)을 계산한다. 그리고 금리가 10%까지 치솟을 경우를 가정해 다시 한번 계산한다. 최악의 경우를 가정해도 가족의 행복이 박탈되지 않는다는 판단이 서면 투자를 한다.

다섯째, 사람들이 좋다는 상품을 경계한다.

마지막 투자 원칙은 내 삶의 원칙이기도 하다. 최근에는 스마트스토어가 돈 벌기 좋다고 한다. 유튜브, 블로그, 온라인 클래스에서 스마트스토어를 빈번하게 다룬다. 그러나 모든 사람한테 적합한 아이템일 수는 없다. 투자에도 분명 트렌드가 있다. 하지만 분석도 하지 않고서 자신을 소멸시키는 줄도 모르고 불에 돌진하는 불나방처럼 뛰어들지 않는다.

투자 원칙의 중요성은 이미 많은 성공 투자자가 강조했다. 《월급쟁이 부자로 은퇴하라》의 저자인 너나위는 자신의 저서에서 이렇게 말했다.

"시행착오 없이 투자 시장에 연착륙하여 좋은 투자자로 성장
하고 목표를 달성하고 싶은가? 그렇다면 당신이 가장 먼저 해
야 할 것은 자신만의 투자 기준을 마련하는 것이다."
너나위, 《월급쟁이 부자로 은퇴하라》, 알에이치코리아, p.247

투자에 앞서 꼭 자기만의 투자 원칙을 세우기를 바란다. 이는
수많은 정보 속에서 자신과 가족을 지켜준다. 여과되지 않은 정
보가 우리 주변을 떠돌아다닌다. 누구는 부동산이 더 오를 것이
라고 하고 다른 이는 하락한다고 한다. 그들의 이야기를 팔짱
낀 채 듣다보면 양쪽 다 맞는 말 같다. 그러다가 이도 저도 아닌
투자를 하며 돈을 잃게 되는 것이다. 자기만의 투자 원칙은 하
락장이든 상승장이든 당신의 평정심을 지켜주며 좋은 투자 결
과로 인도할 것이다.

청약 통장에 대한
오해와 진실

초등학생 때 '큐플레이'라는 게임을 즐겨 했다. 다양한 문제를 푸는 게임인데, 그중에 OX 퀴즈가 있었다. 올망졸망한 캐릭터가 나의 선택에 따라 O와 X를 왔다 갔다 한다. 혼자 하는 게임이 아닌 다수의 참가자와 퀴즈를 푸는 시스템이며, 게임의 흥미를 돋우기 위해 시간 제한이 있다.

문제의 발단은 시간 종료 1초 전에 시작된다. 일부 참가자들, 그러니까 고수들은 다른 사람을 속이기 위해 일부러 초반에 오답으로 이동을 했다가 끝나기 1초 전에 정답으로 바꾼다. 정답이 공개되면 사람들은 울고 웃고 심지어 욕까지 한다. 귀여운 초등학생들이 말이다. 모니터에 비치는 게임 안에 삶이 담겨 있다고 해도 무방하다. 이 이야기를 꺼낸 이유는 청약 통장과 OX 퀴즈가 흡사하기 때문이다.

청약 통장은 복잡하고 또 복잡하다. 따라서 정부의 정책을 직접 확인하지 않고 전문가들의 의견을 맹신하는 경우를 종종 본다. 그럴 경우 특히 은행원의 말을 믿는다. 우리의 눈에는 금융계의 전문가니까. 그뿐인가. 깔끔하게 떨어지는 제복을 입었으니 신뢰도가 높아진다.

그러나 내가 경험해 본 바로는 청약 통장에 대해 잘 모르는 은행원도 있다. 자칫하면 그들의 말만 믿다가 큐플레이의 올망졸망한 캐릭터처럼 울상이 될 수 있다. 실제로 조회수 200만 뷰 가까이 나온 나의 유튜브 콘텐츠에 많은 분이 이렇게 댓글을 달았다.

"은행에서 이렇게 하면 된다고 했는데 그동안 잘못 알고 있었네요."

"왜 은행원이 이렇게 알려줬을까요?"

댓글에서 1,000명 넘는 사람이 궁금해했던 내용을 바탕으로 청약 통장에 대한 오해와 진실을 파헤쳐 보자. 바로 OX 퀴즈를 통해 말이다.

청약 통장, 한 달에 2만 원만 납입하면 된다? _____

정답은 X. 많은 사람이 잘 모르고 있다. 공공분양 일반공급의 경우 납입 인정 금액으로 줄을 세워서 당첨자를 정한다. 여기서 납입 인정 금액은 한 달에 10만 원까지 인정한다. 그러니까 한 달에 2만 원을 넣는 사람이 한 달에 10만 원을 넣는 사람과 동률이 되려면 4개월을 더 넣어야 한다. 그렇다. 공공분양에서는 납입 회차가 중요한 게 아니라 납입 인정 금액이 중요하다.

반면 민간분양은 납입 인정 금액이 아닌 가입 기간이 중요하다. 간혹 이런 분들이 있다. 민간분양만 공략할 목적으로 2만 원만 넣겠다고 말씀하는 분. 간절한 마음만으로 청약 당첨이 되면 좋겠지만 청약은 하늘의 별 따기다. 10만 원씩 납입해 민간과 공공 둘 다 준비하는 게 당첨 확률을 높이는 방법이다.

여기서 심화 문제 하나를 더 풀어보자.

그럼 청약 통장에 매달 10만 원씩만 넣으면 될까?

정답은 세모. 청약 통장에 납입하면 연말정산 시 '주택마련저축' 항목으로 소득공제를 받을 수 있다. 연간 240만 원 한도 내에서 공제를 받을 수 있다. 즉 소득공제 목적으로 매달 20만 원씩은 괜찮다. 소득공제는 모든 사람 대상이 아니라 '무주택 세대주'에 '연소득 7,000만 원 이하 근로자'만 가능하다.

미성년자도 가입 기간이 100% 인정되지 않는다?

정답은 O. 인정되지 않는다. 이런 경우가 있다. 명절날 받은 자녀의 용돈을 자녀 명의의 청약 통장에 넣는 경우 말이다. 그러나 이때 미성년자의 납입 인정 기간은 최대 2년이다. 즉 1살에 가입하든 18살에 가입하든 인정되는 기간은 동일하다. 그러니 부모님의 사랑을 듬뿍 담아 청약 통장을 미리 만들었어도 통장에 찍힌 금액만 보고 안심하면 안 된다. 청약 통장에 있는 1,000만 원 중 240만 원만 인정될 수도 있다.

정리하자면, 청약 통장은 매달 10만 원 또는 20만 원씩 납입하는 것이 좋다. 미성년자 납입 기간은 최대 2년 치까지만 인정된다.

묻지 마 청약?
묻지 마 하우스푸어!

활활 타오른다. 부동산 시장이 아주 뜨겁다. 그중 신축에 대한 수요는 끊임없고 분양 단지와 코 닿을 거리의 신축은 분양가와 갭 차이가 꽤 벌어져 있다. 따라서 현재 '아파트 청약'은 최고의 투자처로 손꼽힌다. 여기서 잠시 누군가의 일기를 들여다보자.

"나는 갓 결혼한 신혼부부이자 분당에 사는 평범한 직장인이다. 주위에서 너도 나도 부동산으로 돈을 벌었다고 하니 무언가

해야 할 것 같은 압박감이 들었다. 한 인터넷 카페에서는 청약은 로또라며 '묻지 마 청약'을 해야 한다는 분위기가 지배적이다. 현실이 이러하니 나도 한 달 전에 청약을 신청했다. 묻지도 따지지도 않고 '당첨만 되면 어떻게든 되겠지'라며 만선의 꿈을 안고 출항하는 어부처럼 희망 회로를 돌렸다. 하늘이 도와서인지 100 대 1의 경쟁률을 뚫고 당첨되었다. 계약금이 1억 원이 넘는데 수중에는 3,000만 원밖에 없다. 현재 살고 있는 전셋집을 나와 '몸테크'를 하려 해도 여의치 않다. 신용 대출을 받으려 해도 박봉의 회사는 늘 그랬듯 도움이 되지 않는다. 3,000만 원까지만 대출이 나온다고 한다. 가족에게 빌리려 했지만 이마저도 어려울 것 같다. 아, 계약금은 어떻게 준비해야 할까? 그 누가 청약만 받으면 다 된다고 했던가? 제2금융권 대출이라도 끌어다 써야 할까?"

청약 당첨자가 발표되면 부동산 카페에서 흔히 볼 수 있는 에피소드를 각색해 봤다. 글쓴이의 사정은 딱하다. 만약 계약금을 구해왔다고 가정하자. 그다음 중도금은 어떻게 할 것인가? 참고로 계약금을 치르고 중도금은 공고마다 다르기는 하지만 대략 전체 분양가액의 약 10%씩 총 6회 정도 치러야 한다. 중도금 대출이 나온다고는 하지만 전체 중도금 회차 중 4회차 정도밖에 안 나온다. 중도금도 어떻게 해결했다고 치자. 그럼 입주하고 주택 담보 대출 원리금은 어떻게 상환할 것인가? 청약으로 내 집 마련 시 분양가만 생각하면 오산이다. 시스템 에어컨 같은 옵션비, 인테리어비, 등기비, 취등록세 등 잡다한 비용만 거의 2,000만 원이다. (수도권 아파트의 경우를 예로 들었고 지역 및 상품에 따라 중도금 무이자나 후불제도 있다.)

이 사실을 잘 모르고 심지어 상환 계획도 없이 '묻지 마 청약'을 하는 사람을 주변에서 쉽게 찾아볼 수 있다. 경제적 자유를 위해서는 대출을 두려워하면 안 되는 것이 맞다. 다만 '빚'을 '빛'이 되게끔 잘 활용해야 한다. 어떠한 원리금 상환 시뮬레이션도 없이 '묻지 마 청약', '묻지 마 대출'을 하는 건 '묻지 마 하우스푸어'가 되는 꼴이다.

오해하지 말아달라. 돈이 없으면 아파트 청약을 꿈꾸지 말라는 의미가 아니다. 현재 내가 가용할 수 있는 자금이 얼마인지, 당첨 후 입주 시까지 2~3여 년 동안 모을 수 있는 돈은 얼마인지, 입주 후 대출을 얼마나 받아야 하는지 청약 전에 계산기를 두드려 봐야 한다는 것이다.

나의 경우 청약 전부터 시뮬레이션을 여러 차례 돌려봤다. 입주 시 주택 담보 대출을 3억 3,000만 원 정도 받아야 하는 결과가 나왔다. 대출 기간은 30년, 금리는 3%, 4%, 5%대로 변환해 원리금을 뽑아봤다. 한 달 수입 및 소비 내역에 원리금을 넣어 최종 확인을 했다. 금리가 5%로 올라도 '먹고사니즘'에 어려움이 없었고 10%까지도 견딜 만했다. 10%가 넘어가면 허리띠를 졸라매야 했다. 15%가 넘어가면 라면을 즐기고 있는 내가 그려졌다. 즉, IMF 외환 위기 이상의 경제 위기가 오면 나도 위험해지는 것이다. 다행히 확률상 15% 이상의 주택 담보 대출 금리는 발생하지 않을 가능성이 높다고 판단했고, 청약을 넣어서 당첨되었다.

주변 환경에 흔들리지 않는 투자를 하기 위해서는 그만큼 튼튼한 계획이 필요하다. '어떻게든 되겠지'라는 안일한 마음으로 청약을 했다가는 평생 후회하는 일이 발생할 수 있다. 당신이 계약금을 준비하지 못해 청약을 포기하면 살을 내줘야 할 것이다. 몇 년 또는 10년 이상 납입해 온 청약 통장도 같이 날아간다. 이미 사용한 통장으로 분류되어 다시 처음부터 시작해야 한다. 그야말로 피눈물이 나는 상황이다. 그 누구도 당신을 구제

할 방법은 없다.

분위기에 휩쓸리지 마라.

자신의 상황을 망각한 채 남들을 따라가면,

결과는 불 보듯 뻔하다.

운이 좋으면 중간이고,

운이 나쁘면 최악이다.

자신만의 계산기를 두드려

시뮬레이션 결과를 확인하라.

한 번에 당첨된
아파트 청약 전략

　나의 자산이 퀀텀 점프를 할 수 있었던 이유는 단연 아파트 청약이다. 부동산 호황기와 맞물려 가격이 치솟았기 때문이다. 자산 구성의 상당한 비중이 부동산이니 혹자는 이렇게 트집을 잡기도 한다.

　"운이 좋아 청약 당첨된 거지. 당신 실력이 아니잖아!"

　물론 운도 따랐겠지만 철저히 전략적으로 청약에 접근했다.

다른 사람이 보면 무섭다고 생각할 정도로 정해진 계획대로 전진했고 청약 당첨을 확신했다. 무엇보다 절약을 통해 만든 종잣돈을 계약금으로 사용할 수 있었기에 자산 증식 속도가 굉장히 빨랐다.

그렇다면 나는 어떤 전략을 취했을까? 영화보다 흥미진진했던 청약 당첨 이야기를 바로 시작하겠다.

Step 0. 결혼 전부터 계획하라 _____

2018년 봄, 결혼을 준비 중이었던 나는 구축을 매수하기보다 분양을 받기로 했다. 물론 그때나 지금이나 청약은 하늘의 별 따기였다. 당연히 여자친구의 의심 가득한 눈망울을 해소할 의무가 있었다. (뒤이어 설명할 전략으로 무사히 넘어갔다.)

왜 구축 매수보다 청약이라는 전략을 택했을까? 아파트를 매수하기에는 재정적으로 부담되었고, 무엇보다 집주인의 주머니를 두둑하게 채워주는 '호갱'이 되는 것 같아 탐탁지 않았으며, 나의 청약 당첨 가능성을 높게 판단했기 때문이다.

그 후 우리는 모델 하우스에서 데이트를 즐겼다. 얼마나 좋은가? 중요한 고객 대접을 받으며 공짜 커피에 공짜 전시관에 공짜 기념품까지! 어쨌든 모델 하우스를 돌며 공부하니 일반분양보다 특별공급에 당첨될 확률이 높다는 것을 알게 되었다. 특별공급 중에서도 신혼부부 특별공급(이하 신혼특공)이 우리에게 적합하다고 판단해 리스크를 분석하여 청약을 넣었다. 그 결과, 수도권의 입지 좋은 곳에 분양을 받게 되었다. 이미 그 시세는 분양가의 2배를 넘겼고 향후 성장 여력이 남아 있다.

내가 이 이야기를 하는 것은 자랑으로 배 아픔을 유발하려는 게 아니라 결혼 전부터 청약을 준비해야 한다고 강조하고 싶기 때문이다. 결혼 후에 준비하면 자격이 미달되는 경우가 생길 수도 있으며 매몰 비용이 발생할 수 있다.

Step 1. 지역부터 정하라 _____

7가지 단계 중에 제일 중요한 단계다. 당시 내가 수년째 살고 있는 지역은 신도시 및 택지 지구가 끊임없이 개발되는 곳이었고, 개발 전에는 인구 20만이 안 되는 소도시였다. 이것이 무엇을 의미할까? 기회의 땅이라는 소리다. 내가 살고 있는 지역에 계속 거주하면 두 가지 장점이 있었다.

하나는 아파트가 끊임없이 공급되는 지역이니 청약 기회가 많다는 것이다. 다른 하나는 인구 20만이 안 되는 소도시라 서울, 수원, 성남 같은 대도시보다 경쟁률이 낮다는 점이다. 게다가 신도시가 들어서고 있는 시점이라 인프라가 부족했고, 그 결과 신혼부부의 수는 상대적으로 적었다.

사실 결혼을 준비하며 출퇴근 거리를 감안해 서울로 진입할까 고민했다. 그러나 당해 조건을 박탈당하기 때문에 거주 지역에 신혼집을 구하기로 했다. 여기서 당해 조건이란 분양하는 지역에 사는 거주민에게 우선 공급하는 제도를 말한다. 이를 두고 '당해가 깡패다'라고도 표현한다.

청약 당첨자 선정에 있어 총 3번의 기회를 얻는데, 신혼특공 물량이 총 100개라면 30개는 당해 지역 해당자에게 공급하고, 20개는 당해 지역 낙첨자(비당첨자)와 경기도 6개월 이상 계속 거주자에게 공급, 나머지 50개는 당해 지역 낙첨자+경기도 6개월 이상 계속 거주 낙첨자+수도권 기타 지역 거주자에게 공급한다. (경기도 아파트 청약 공급의 예이며 타 지역은 일부 다르다. 다만, 당해의 힘이 큰 점은 동일하다.)

특히, 신혼특공 공공분양의 경우 당해 지역 거주 기간 점수가 이미 3점이 들어가 있다. 그래서 당해 지역 거주자에게는 만점이 13점이지만, 사실상 당해 지역 외의 청약자는 달성 가능한 만점이 10점이다. 즉, 당해 지역 청약자는 타 지역 사람들과 달리 3점을 먼저 먹고 들어가 '깡패'라고 불리는 것이다.

이러한 이유로 아파트 청약에 앞서 어디에 청약할지 먼저 결정해야 한다. 만약, 내 집 마련을 꼭 하고 싶은 서울시민이라면 수도권으로 이사하는 것을 고려해 보는 게 어떨까? 서울은 경쟁자가 많은데 공급이 거의 없기 때문이다. 정부에서는 집값을 안정화하기 위해 공급을 늘릴 수밖에 없다. 어디에 공급을 할까? 당연히 수도권으로 갈 수밖에 없다. 서울은 공급할 부지도 마땅치 않고 자칫하면 집값 상승의 불쏘시개 역할이 될 수 있어 쉽지 않다.

Step 2. 당첨 안정권 계산 _____

많은 사람이 아파트 청약에 있어 간과하는 부분이다. Step 1

에서 어느 지역에 청약할지 결정했다면 Step 2에서는 해당 지역의 당첨 안정권을 계산해야 한다.

그래야 현실적인 청약 당첨 가능성을 알 수 있고, 괴리가 크다면 과감히 청약을 포기하고 집을 매수하는 게 유리하다. 집값은 인플레이션의 영향으로 우상향하는 경향이 있기 때문에 청약이 불가하다면 매수를 적극적으로 고려해야 한다.

우리 부부의 경우 생애최초 특별공급은 소득 조건 때문에 어려웠고 신혼특공만 노려보기로 했다. 신혼특공도 '공공분양'과 '민간분양'의 두 가지 타입이 있는데 민간분양은 자녀 수가 많은 사람이 유리한 게임이라 공공분양에 집중하기로 했다.

공공분양은 청약 통장 납입 횟수, 해당 지역 거주 기간, 소득 조건, 자녀 수, 혼인 기간 등 총 13점 만점에서 높은 점수를 받은 사람이 이기는 게임이다. 우리에겐 자녀가 하나뿐이었지만 다른 조건에서 공공분양이 유리했다. (자세한 신혼특공 정보는 다음 글에서 다루겠다.)

결론적으로 13점 만점에 10점이면 충분히 당첨 가능하다는 결론을 내렸고 실제로 10점으로 당첨되었다. 어떻게 예측할 수 있었을까? 네이버 부동산 카페에서 힌트를 얻었다. 보통 특별공급 당첨자가 발표 나면 부동산 카페에 각종 후기들이 올라온다. (당시 나는 네이버 카페 '내집마련스쿨'을 참조했다.)

"전 가점 9점인데 떨어졌어요."
"어! 전 가점 9점인데 붙었어요."

이럴 경우 가점 9점에서 당첨했으리라고 추측할 수 있다. 이렇게 해당 지역 청약 당첨 결과의 데이터를 모으면 당첨 커트라인을 알 수 있다.

Step 3. 필요 자금 계산

Step 2에서 청약 당첨을 확신했기 때문에 바로 필요 자금을 계산했다. 당시 내가 거주한 지역도 투기 과열 지구였기 때문에 주택 가격의 40%까지 대출이 가능했다. 당첨 후 잔금을 치를 시 조정 대상 지역으로 하향될 수도 있겠지만 안전하게 대출 범위를 40%로 잡았다.

그러면 이쯤에서 궁금할 것이다. 주택 가격을 어떻게 미리 알 수 있는지. 국사 교과서 초반부에 역사를 배워야 하는 이유가 나와 있다. 그렇다. 과거를 알면 미래를 알 수 있다. 청약홈 사이트(www.applyhome.co.kr)에 들어가서 청약하고자 하는 지역의 과거 공고문을 열람하면 된다.

친절하게 분양가액, 발코니 확장비, 옵션 금액이 명시되어 있다. 과거 공고문을 활용해 추정 분양가액을 도출하면 된다. 과거와 현재 사이의 기간이 길다면 고수들이 있는 부동산 카페에 질문을 남기면 된다.

"○○단지 청약 예정인데 평당 분양가가 얼마나 갈까요?"

고수들이 HUG의 분양가 상한제 등에 의해 평당 얼마 정도 될 것이라며 의견을 준다. 시간이 지나고 확인해 보면 신기하게 어느 정도 맞아떨어진다.

그렇게 30평대를 기준으로 분양가를 5억 원으로 예측했다. 당시에는 발코니 확장비와 옵션비까지 생각하지 못했지만, 당신이 시뮬레이션을 돌릴 때는 꼭 포함해서 계산하기를 바란다.

Step 4. 국가가 주는 복지 이용하기 ─────────

청약을 준비하며 가장 잘했다고 생각하는 단계다. 결혼을 준비할 당시 우리의 종잣돈은 약 1억 5,000만 원이었다. 그리고 Step 3에서 계산한 계약금은 5,000만 원이었다. 즉, 결혼 비용 1,000만 원을 빼면 9,000만 원으로 신혼집을 해결해야 했다. (물론 신용 대출이나 마이너스 통장을 활용해 여유 자금을 만들 수 있지만 당시에는 대출을 일으키고 싶은 마음이 없었다.)

근처에서 9,000만 원짜리 전세를 구할 곳은 눈 씻고 찾아봐도 없었다. 전세 자금 대출을 받거나 월세로 사는 방법도 있었지만 공공임대(행복주택)에 입주할 수 있는 기회가 있어 썩 내키

| 공공임대와 개인임대 장·단점 비교 |

구분	공공임대 (행복주택)	개인임대 (구축 월세, 전세)
장점	임대료 저렴 · 언제든지 퇴거 가능 · 보증금 사고 걱정 없음 · 신축 아파트 · 전세 대출금 이자 정부 지원(경기도)	경쟁 없음
단점	경쟁 있음	비싼 임대료 · 퇴거일 불분명 · 보증금 사고 우려 · 낡은 집

지 않았다. 공공임대는 위와 같이 개인임대와 비교해 장점이 많 았다.

　일부 사람들은 임대주택(행복주택 포함)에서 사는 것을 창피해 한다. 주변 지인들에게 행복주택의 장점을 이야기하며 신혼집 으로 나쁘지 않다고 입이 아프게 이야기해도 시큰둥한 반응이 다. 단순히 행복주택은 임대아파트니까 형편이 어려운 사람들 이 산다고 생각하는 것 같다. 그러나 행복주택은 인큐베이터 역 할을 해준다. 이곳을 임시 거처로 두고 좋은 타이밍에 구축을 매 수하거나 청약으로 내 집 마련을 하는 전략을 도모할 수 있다.

　행복주택은 국가에서 제공하는 복지 혜택이다. 일시적인 재 난지원금 25만 원은 눈이 빠지게 기다리면서 매월 30만 원 이 상의 혜택이 제공되는 행복주택은 왜 거들떠보지도 않는지 모 르겠다. 임대주택이라서 남들이 무시한다고 생각되는가? 이곳 에서 철저히 준비하면 3년 뒤엔 그들과 당신 사이에 넘볼 수 없 는 높은 장벽이 세워질 것이다.

　한창 결혼 준비를 하고 있을 때 행복주택 당첨 결과가 발표 되었다. 결과 발표 당시 연말 분위기가 물씬 풍기는 거리에 있 었다. 지나가는 사람들의 얼굴은 크리스마스가 다가와서 그런

지 즐거워 보였다. 그러나 나는 두꺼운 패딩을 입고 있음에도 등골이 서늘함을 느꼈다.

'○○○님은 행복주택 예비번호 153번입니다.'

그동안 행복주택 신청자가 미달되었기에 한 번에 입주 가능하다고 생각해왔다. 그러나 그건 착오였다. 입주 자격이 완화되며 지원자들이 몰린 것이다. 이 날은 웨딩 마치를 올리기 한 달 전인 2018년 12월이었다.

Step 5. 10평에서 몸테크

이때부터 슬슬 걱정이 되기 시작했다. 행복주택은 예비 100번대지만 LH에 문의해도 언제쯤 입주가 가능할 거라는 확실한 답변을 받지 못했다. 다만, 지하철역 개통이 지연되어 상당수 입주 대상자가 계약을 포기한다는 정보를 접했다. 그래서 최소 3~4개월 정도 있어야 할 곳을 찾기로 했다.

그 후로 단기 오피스텔을 알아보기 시작했다. 당시 양가 부모님은 그냥 구축 전세에서 살라고 하셨지만, 청약 당첨 후 계약금 및 잔금 등 리스크가 발생할 거라고 판단해 우리의 첫 신혼집은 오피스텔이 되었다.

10평짜리 오피스텔에서 거주한 지 4개월이 지나고 행복주택에 입주했다. 만약 양가 부모님 말씀만 듣고 행복주택을 포기하고 구축에 살았다면 우리는 내 집 마련의 꿈을 이루지 못했을지도 모른다.

꼭 명심하길 바란다. 어떤 일이든 본인의 믿음이 있다면 주위의 반대에도 밀어붙이는 추진력이 필요하다. 다른 사람들은 그일의 당사자도 아니고 모든 것을 경험해 보지 않았다. 당장은 내 선택의 결과가 불편하더라도 어떠한 일이든 대가는 필요한법이다.

Step 6. 모집 공고문 확인으로 리스크 제거

'아직 청약 모집 공고를 하지 않았는데 무슨 모집 공고를 확인하래?'

위의 소제목을 보고 이런 의문이 들었다면 잘 따라오고 있다는 증거이다. 앞에서 말했듯 과거를 알면 미래를 알 수 있다. 공공분양에 청약할 예정이면 최근 분양한 공공분양 단지의 공고문을 참고하고, 민간분양은 민간분양 단지의 공고문을 참고하면 된다. 모집 공고문 발표 전에 공고를 확인해야 하는 이유가 있다. 특별공급 요건이 까다로워지면서 부적격자 발생 비율이 10~20%으로 커졌기 때문이다.

그래서 리스크를 사전에 확인해서 대응할 필요가 있다. 나는 모집 공고문을 꼼꼼히 보고 주택 공유 지분 건이 문제가 될 수 있다는 점을 사전에 알게 되었다. 그 후, 이와 관련해 국토부에 질의했고 해당 지분을 처분해 리스크를 깔끔히 제거했다.

모집 공고문의 주요 내용은 기껏해야 10~20쪽 이내이므로 청약 신청을 하기 전에 과거 공고문을 보며 리스크를 최소화하기를 바란다. 당신이 상상하지 못한 부적격 사유가 숨바꼭질하고 있을 수 있다.

Step 7. 청약 신청 및 당첨 ──────────────────

2019년 봄, 계획대로 아파트 청약 당첨이 되었다. 당시 나의 신혼특공 가점은 10점이었고, 커트라인은 9점이었다. 좌충우돌의 과정이 있었지만, 단계에 맞춰 준비한 결과 내 집 마련이라는 달콤한 과실을 맺게 되었다.

만약 행복주택 예비번호를 받고 구축 전세에 살기로 택했다면 어떻게 되었을까? 참고로 당첨된 아파트는 민간참여 공공분양이라 계약금이 15%였다. 구축 아파트에 살고 있었다면 집주인의 전세금 인상 요청에 밤잠을 설쳤을 것이다. 매일같이 속출하는 아파트 신고가를 보며 속상했을 것이다.

청약, 이것만은
반드시 알고 가자

정부에서 통 크게 쏘는 선물이 있는데 혹시 무엇인지 아는가? 기성세대의 반발에도 '힘든 세상, 힘내서 출발해 보라'고 젊은 세대에게 주는 값진 선물. 그것은 바로 '아파트 특별공급'이다. 전체 공급 물량이 100이면 50 이상이 특별공급이다. 공급 물량만 보면 '특별'이 아닌 '보통'인 공급 유형이다.

특별공급에는 생애최초, 신혼부부, 장애인, 다자녀, 노인 대상 공급이 있다. 이 중 2030세대가 주목해야 할 것은 '생애최초'와 '신혼부부'다. 제일 가능성이 높으며 특별공급 중 물량이 많은 편에 속한다.

청약 제도는 참 복잡하고 머리 아프다. 조건도 각양각색이고 토씨 하나에 내용이 아예 바뀌기도 한다. 신혼부부 특별공급(이하 신혼특공)과 생애최초 특별공급(이하 생애최초)은 다시 민간분양과 공공분양으로 나뉜다. 여기저기서 탄식 소리와 함께 머리를 움켜쥐는 모습이 그려진다. 그래서 4사분면의 도표를 하나 준비했다. 이것을 먼저 파악한다면 다음 내용을 이해하는 데 수월할 것이다.

신혼부부-생애최초 특별공급, 공공분양-민간분양 비교

	깐깐함 신혼특공vs생애최초	
민간분양 생애최초		**공공분양** 생애최초
후함 공공분양vs민간분양		**깐깐함** 공공분양vs민간분양
민간분양 신혼특공		**공공분양** 신혼특공
	후함 신혼특공vs생애최초	

도표를 보면 좌측 위부터 시계 방향으로 민간분양 생애최초, 공공분양 생애최초, 공공분양 신혼특공, 민간분양 신혼특공으

나는 월급쟁이에서 이렇게 독립했다

로 구분하여 공급 종류를 표현했다. 신혼특공보다는 생애최초
가, 민간분양보다는 공공분양이 더 까다롭다고 보면 된다. 제일
깐깐한 전형은 생애최초 공공분양이고 제일 후한 전형은 신혼
특공 민간분양이다. 다시 정리하자. 신혼특공보다는 생애최초
가 까다롭고, 민간분양보다는 공공분양이 까다롭다. 까다로움
의 최고봉은 어떤 공급일까? 생애최초 공공분양이다.

자격 조건

　그렇다면 '신혼특공'과 '생애최초'에 대해 더 구체적으로 알
아보자. 참고로 상세한 자격 요건이나 납입 금액은 논하지 않고
주의할 점을 중점적으로 이야기할 것이다. 한 해에도 여러 차례
청약 제도가 바뀌니 혼란을 야기할 수 있기 때문이다.

　'생애최초'는 말 그대로 태어나서 단 한 번도 집 주인이 된 적
이 없어야 한다. 세대주, 세대원 상관없이 주택을 구매했거나,
분양권을 취득했거나 기타 등등 주택과 관련해 가까워진 적이
단 한 번도 없어야 한다. 다만, 동거 중인 만 60세 이상 부모가
주택을 소유했거나 소유 중인 경우(분양권 포함)는 무주택에 해

당한다. 같이 사는 부모님이 만 60세보다 젊고 집을 소유한 경우, 부모는 부모고 나는 나인데 억울할 수 있다. 이럴 때 세대분리를 해서 신청하는 방법이 있다.

생애최초의 경우, 기존에는 현재 혼인 상태이거나 자녀가 있는 경우에만 신청할 수 있었으나 2021년 11월 16일 기준, 민간분양의 30%는 1인 가구도 신청할 수 있도록 조건이 완화되었다.

반면 '신혼특공'은 혼인신고 이후에 주택을 소유한 적이 없어야 한다. 과거에 주택을 소유한 이력이 있어도 혼인신고 전에 매도했다면 청약 자격이 주어진다. 다시 말해, 결혼 전 주택을 매수했지만 혼인신고를 하기 전에 매도하여 무주택자가 된다면 2순위가 된다. 예를 들어 2022년 1월에 주택을 소유했는데 2022년 11월에 매도하고 2022년 12월에 혼인신고를 하면 2순위가 될 수 있다.

당신이 대학생 때 부모님이 본인 명의로 주택을 구입했다가 매도한 적이 있다고 가정하자. 생애최초 특별공급은 불가능하지만 신혼부부 특별공급은 가능하다. 생애최초가 더 깐깐하다는 사실을 알 수 있는 대표적인 대목이다.

특별공급 공공분양 자산 조건 _____

특별공급은 사회적으로 도움이 필요한 사람들을 위한 제도이다. 그래서 고소득자나 유주택자 등은 신청할 수 없다. 더 깊게 들어가면 자산 조건이 존재한다. 민간분양에는 이런 조건이 걸려 있지 않은데 공공분양에는 조건이 있다. 앞에서 언급했듯이 공공분양은 '깐깐이'다.

'공공분양 자산 조건 : 부동산 2억 1,550만 원 이하와 자동차 3,496만 원'

"젠장할!" 소리가 여기저기서 들린다. 돈 먹는 하마인 자동차를 산 것도 후회가 되는데 청약까지 못 할 운명이라니. 그러나 아직 슬퍼하기에는 이르다. 여기서 자동차 자산 조건은 '구입가액'이 아닌 '자산 가치'가 기준이며 이 말은 감가상각이 반영된다는 것을 말한다. 즉 딜러와 옵션을 넣느냐 빼느냐 열띤 토론 후에 지불한 금액이 아니라 시간이 지나며 감가되는 금액이 기준이다. 자동차가 2대면 어떻게 되냐고? 차량가액이 높은 차가 기준이 된다.

책을 집중해서 읽고 있다면 물음표가 하나 떠올라야 한다.

"아까 무주택자만 특별공급을 넣을 수 있다면서 부동산 기준은 왜 있나요?"

부동산에는 주거용만 있는 것이 아니라 상업용 오피스텔이나 토지 등이 있기 때문이다.

특별공급 소득 조건

특별공급답게 소득에도 자격 조건이 있다. 도시근로자 월평균소득의 퍼센티지로 제한이 걸리는데 2021년에 소득 조건이 대폭 완화되었다. 따라서 각 전형에 따라 차이는 있지만 1억 원대 초반 연봉자도 특별공급 청약이 가능하다. 다만, 저소득자보다는 당첨 확률이 낮을 뿐이다.

여기서 '도시근로자 월평균소득'은 무엇일까? 매년 통계청에서 발표하는 데이터를 말한다. 그렇다면 월평균소득은 어디서 확인할까? 이는 건강보험공단의 월평균 보수액을 확인하면 된다. 정확한 금액은 아니지만, 원천징수액에서 나누기 12를 하면 대략 월평균 보수액이 떨어진다. 하지만 1원이라도 높으면 자

격 조건에 미달되니 꼭 건강보험공단에서 확실하게 확인하도록
하자.

당첨자 선정 ─────────────────────────────────

일단 생애최초 특별공급은 무조건 추첨이다. 반면 신혼부부
특별공급에는 추첨제와 가점제가 있지만, 가점제의 비중이 높
다. 가점은 공공분양의 경우 자녀의 수, 해당 지역 거주 기간,
청약 통장 납입 횟수, 혼인 기간(한부모가족일 시 자녀의 나이), 가
구 소득의 기준으로 총 13점 만점이며 민간분양의 경우 자녀
의 수가 중요하다. 가구 소득만 조건에 충족하는지(Y/N)에 따
라 1점이고 나머지 항목은 3점씩 부여한다.

자, 조금만 더 힘내자. 거의 다 왔다. 부동산 카페에서 사람들
의 동향을 살펴보면 공공분양의 승패는 주로 자녀 수와 혼인 기
간으로 갈린다. 따라서 혼인신고는 최대한 늦추는 게 신혼특공
에 유리하다. 반면 만 30세 이전에 결혼을 했고 특별공급 자격
이 안 되어 일반청약만 노려야 한다면 혼인신고를 빨리하는 게

낫다. 왜냐하면 만 30세 이하는 혼인신고를 해야 세대주로 인정되어 일반공급 전형에서 점수를 더 빨리 쌓기 때문이다. 하지만, 일반청약 당첨을 기다릴 바에 구축 매수가 낫다고 생각한다. 최소 15년 이상은 기다려야 하기 때문이다.

신혼부부 특별공급 민간분양의 경우 추첨제가 일부 있지만 1순위는 해당 지역 거주자이고 2순위는 자녀 수이다. 자녀 수에서 판가름 난다는 것이다. 해당 지역 거주자에 해당하는 지원자는 차고 넘칠 테니 말이다. 만약 자녀 수가 같다면 추첨을 한다.

하나 놓치지 말아야 할 것이 있다. 신혼특공은 공공분양이든 민간분양이든 1순위는 자녀가 있어야 한다. 이 말은 자녀가 없으면 2순위가 되어 당첨될 가능성이 거의 0에 가깝다는 것이다. 많은 이들이 2순위일 때 희망을 품는데 별 의미는 없다. 2순위는 1순위가 미달해야 기회가 오는데, 그럴 일은 거의 없다.

다만 2021년 11월 16일 기준, 기존과 다르게 '신혼특공 민간분양'의 30%는 소득 요건과 자녀 수 미반영 추첨제를 시행하니 참고하자.

그렇다면 신혼특공과 생애최초 중 자신에게 맞는 분양은 무엇일까? 자녀 수가 많거나 가점이 높다면 신혼특공만 고려하면 된다. 생애최초는 나이 제한이 없어 신혼특공보다 경쟁률이 높기 때문이다. 반대로 자녀가 1~2명이고, 혼인신고를 한 지 시간이 꽤 지났다면 추첨제인 생애최초가 유리하다. 이쯤에서 둘 다 지원하면 되는 것 아닐까 하고 생각할 수 있는데 특별공급은 단 한 가지 제도만 신청 가능하다.

한 가지 예로, 자녀가 2명이라서 2점, 신혼 기간이 1점이고 나머지 항목에서 만점이라면 총 10점이 된다. 이 경우에는 생애최초가 유리할지 신혼특공이 유리할지 면밀하게 살펴야 한다. 따라서, 원론적인 이야기지만 본인이 청약하려고 하는 단지의 최근 분양단지 특별공급 커트라인을 참고해야 한다.

혹시 이런 과정이 번거롭고 귀찮다고 생각되는가? 우리 부부가 분양받은 지역은 수도권 인기 지역이었는데도 공공분양 신혼특공 13점 만점에 9점이 커트라인이었다. 그런데 서울의 경우 11점인데도 떨어진 경우가 있었다. 그래서 지역별로 경쟁률이 다를 수 있으니 꼭 최근 분양단지의 커트라인을 참고해서 자신에게 유리한 특별공급 유형을 선택하기를 바란다.

자녀가 없으니 2순위라고 슬퍼하고 있는 사람이 있을까 봐 준비한 것이 있다. 2순위면 당첨이 희박하지만 가능성은 있다. 앞에서 2순위는 의미가 없다고 이야기했는데 무슨 말인지 싶은가? 특별공급은 일반공급과 다르게 1순위·2순위를 같은 날 접수한다. 그리고 청약 당첨일에 낙첨자와 예비번호도 같이 발표한다. 정답은 바로 예비번호에 있다. 예비번호는 1순위·2순위 따지지 않고 추첨으로 돌린다. 그래서 천운을 타고났다면 2순위인데도 예비번호 앞번호를 받았을 때 당첨이 가능하다.

지금까지 "나는 무자녀니까 특별공급 따위 집어치워!"라고 생각했다면 작은 희망의 불씨를 안고 로봇처럼 계속 청약을 넣기를 바란다. (단, 구축을 매수할 타이밍을 노리면서. 그리고 앞에서 말했듯 자금의 여유와 당첨 확률을 계산하면서.) 혹시 아는가? 천운으로 예비번호 앞번호를 받을 수 있을지! 내가 분양받은 단지에서도 2순위 무자녀인데 당첨된 산증인이 있다.

재테크 '사짜'를 구별하는 방법

여느 때보다 재테크가 강조되는 시기이다 보니 사기꾼들이 판을 친다. 양극화가 나날이 심해지니 사람들의 마음은 불안하다. 하루에도 여러 차례 주식 리딩 문자를 받는다. '꾼'들은 단톡방에 난입하여 무료 주식 정보방 홍보를 한다. 그들은 사람들의 심리를 이용해 한탕 해 먹으려는 사기꾼에 불과하다. 재테크를 모르는 사람들은 그런 방법들이 투자라고 착각한다. 이럴 때 필요한 것은 '진짜'와 '사짜'를 구별하는 능력이다. 사짜들은 '척'을 좋아한다. 다음 세 가지 '척'하는 유형을 알아보자.

첫째, 고수익인 척하는 사기꾼

투자만 하면 며칠 사이에 수익률 10% 이상을 보장해 준다고 한다. 이런 고수익형 사기꾼에게 당하지 않는 방법은 단순하다. 당신은 사짜에게 투자금을 건넬 때 어떠한 노력을 했는가? 당신이 노력한 것 이상의 수익률을 안겨준다고 속삭인다면 의심해 봐라. 100% 수익을 보장해 주는 투자는 없다. 가만히 앉아 있는데 돈이 나오는 투자는 절대 없다. 투자 성과에 대한 '조급함'과 시몬스 침대 같은 '편안함'은 사기꾼의 배를 불릴 뿐이다.

둘째, 부자인 척하는 사기꾼

샤넬 백이나 벤츠 자동차 키를 SNS에 업로드한다. 누가 물어보지도 않았는데 명품 백을 촬영해 올린다. 샤넬 백을 주연으로, 자신은 조연으로 컨셉을 잡는 게 포인트다. 탁자 위에 심심하게 놓여 있는 자동차 키를 인스타그램에 업로드한다. 자동차 키는 어떤가? 동그란 쇠붙이 안에 삼각 표창이 딱 붙어 있는 수입차의 엠블럼을 확대하는 게 포인트다. 그들은 부자처럼 보이려고 노력한다. 왜냐고? 대다수 사람에게 부자들의 이미지는 바로 명품을 소비하고 수입차를 타는 사람들이기 때문이다.

사기꾼들은 돈이 많은 척 연기를 하며 좋은 투자처가 있다고 사람들을 유혹한다. 과거처럼 기획 부동산만 있는 게 아니다. 그들의 수법은 날로 진화되고 있다. 묻지도 않았는데 없는 부를 과시하거나 드러내려고 하는 자들을 조심하라.

셋째, 전문가인 척하는 사기꾼

이들은 유명인과 친분이 있는 척하기 위해 노력한다. 실제 친분이 있을지도 모르지만 사진 한 장만으로 인맥과 전문성이 있는 것처럼 보이려고 한다. 영상 배경에 읽어보지도 않은 새 책들이 가득한 서재가 있다. 주식 리딩 문자의 발신자는 가관이다. 자신을 들어보지도 못한 기관의 높은 직책을 맡은 사람이라고 소개한다. 특히 국책 기관과 비슷한 느낌이 나는 연구 기관을 작명해서 쓴다. 사람들에게 신뢰도를 주기 위해서다. 오히려 이런 꾼들은 고수익만을 강조하지 않으니 더욱 유의해야 한다.

세 가지 사기꾼 유형 외에도 응용형 사기꾼들이 돈을 향한 욕망이라는 미끼를 당신이 물기를 호시탐탐 기다리고 있다. 가장 확실한 사기꾼 구별법은 분명하다. 앞서 말했지만 당신이 노력한 것 이상의 수익을 경계하라. 그러면 사기꾼이 펼쳐놓은 덫에 걸려 신음하는 일은 없을 것이다.

Chapter 4

콘텐츠 투자,
새로운 부의 미래

To. N잡으로 퇴사를 꿈꾸는 당신에게

2019년 취업포털 인크루트의 설문조사 결과,
직장인 응답자의 91%는 퇴사를 고민합니다.

오늘도 사람들은 전철에 몸을 맡긴 채 영혼 없이 출근합니다.
일요일 저녁만 되면 월요병이 생기고,
각종 SNS에 퇴사하고 싶은 마음을 드러내지요.

N잡으로 퇴사했다는 사람들이 늘어나니 그들을 동경합니다.
퇴사하면 편안한 삶이 기다릴 거라고 생각합니다.
디지털노마드가 되어 놀고먹을 수 있다는 착각을 합니다.

어떤 강사가 퇴사 후 스마트스토어로 성공을 했습니다.
주문이 밀려 들어오니 밤을 지새우며 상품 포장을 했다고 하죠.
어떤 댓글이 올라왔을까요?
"힘들어서 퇴사했는데 나와서도 힘들면 잘못된 거 아닌가요?"

만약 여러분도 이런 생각을 했다면, 안타깝게도 착오입니다.

N잡으로 퇴사를 꿈꾸는 사람에게 묻고 싶습니다.
"퇴사하려는 이유가 무엇인가요?
회사 꼰대들이 보기 싫어서? 적성에 안 맞아서? 연봉이 적어서?"

퇴사는 현실 도피가 아닙니다.
퇴사 후 최소 3년은 편안함을 버려야 합니다.
그런 마음가짐이 없다면 홀로서겠다는 그 마음을 고이 접어야 합니다.

저는 여러 N잡을 가지며 월급쟁이에서 독립했습니다.
그 당시 가졌던 마음은 두 가지,
1인 기업은 고난일 테니 나를 갈아 넣겠다는 '결심'.
세상 밖은 기회로 넘쳐 있고 결국 난 잘될 거라는 '확신'.

2016년 중국의 한 교사가 사직서에 쓴 문장이 있습니다.
이 말로 제가 퇴사하려는 이유를 대신하고 싶습니다.

"世界那么大, 我想去看看(세상이 이렇게 크니, 나는 보러 가고 싶다)."

철밥통에게도 필수인
콘텐츠 투자

누구에게나 '나다움'이 있다. 즉, 자신만의 스토리와 콘텐츠가 있다는 것이다. 지인들에게 자신의 스토리를 활용한 유튜브나 블로그 운영을 권하면 다 비슷한 대답을 한다.

"직장 다니면서 그거 할 시간이 어딨어?"

"나는 정년까지 회사 다닐 수 있거든. 그게 제일 안정적인 투자야."

그렇다. 쉽지 않다. 직장인이 콘텐츠 만들 시간이 어디 있겠는가? 그러나 이런 마인드는 평범한 사람의 것일 뿐이다. 일주일에 7~8시간만 시간을 내면 다 가능하다. 회사에 다니는 게 안정적인 투자라고? '공'자가 들어가는 직업군이면 그럴 가능성이 높은 건 사실이다. 그러나 급격히 변하는 세상에서 한 치앞도 어찌 될지 모른다. 공공기관의 경우 통폐합되면 명예퇴직의 압박을 받을 수 있고, 공무원의 경우 믿었던 공무원 연금이 뒤통수 치며 당신의 허락 없이 연금 다이어트를 할 수 있다.

나는 회사를 다니며 유튜브를 시작했다. 3년 전 '보람튜브'가 강남에 건물을 매입했다고 화제가 되었을 때다. 자신의 콘텐츠를 가지고 소득을 내는 '콘텐츠 투자'는 부동산이나 주식과 비교할 수 없는 특징이 있다.

먼저 콘텐츠 투자라고 표현한 이유는 자신만의 스토리가 '인풋'이 되어 '아웃풋'을 만들어내기 때문이다. 요즘 말하는 N잡과 콘텐츠 투자는 무엇이 다를까? N잡은 말 그대로 일job이 여러 개인 것을 말하고 콘텐츠 투자는 '자신만의 스토리'가 핵심이다. 즉, N잡에는 단순노동도 포함되지만 콘텐츠 투자에는 포함되지 않는다.

콘텐츠 투자의 특징

첫째, 소자본이다.

무자본이라고 하지 않겠다. 유튜브를 하더라도 삼각대나 편집 프로그램을 구매해야 할 수 있으니까. 나의 경우 유튜브를 시작하며 수익 창출 전까지 투자한 것은 만 원도 안 되는 핸드폰 거치대가 전부였다. 즉, 종잣돈과 상관없이 남녀노소 자신의 콘텐츠만 있다면 누구든 투자할 수 있다.

둘째, 플랫폼이 다양하다.

본인이 원하는 플랫폼에서 콘텐츠 투자를 하면 된다. 대표적으로 유튜브, 블로그가 있으며 브런치, 포스트, 인터넷 카페, 네이버TV, 종이책, 전자책, 온라인 클래스 등 무궁무진하다. 이 말은 자신과 맞는 플랫폼을 선택해서 투자를 할 수 있다는 뜻이다. 글쓰기에 자신이 있다면 블로그나 브런치를 활용하면 되고, 언변이 좋다면 유튜브나 네이버TV 등을 시작하면 된다. (참고로 영상을 제작할 때도 대본을 작성하므로 글쓰기가 베이스로 갖춰져 있어야 한다.)

셋째, 파생상품이 다양하다.

하나의 콘텐츠에서 두각을 나타내면 다른 콘텐츠에 쉽게 안착할 수 있다. 유튜브를 예로 들자. 일정 규모의 구독자가 모이면 다양한 활동을 할 수 있다. 일례로 블로그를 개설해도 이웃 증가 속도가 빠르다. 온라인 클래스를 열어도 구독자 중 일부가 수강한다. 책을 출간하면 충성 구독자들이 도서를 구매한다. 즉, 비교적 쉽게 파이프라인 확장이 가능하며 콘텐츠 투자의 아웃풋이 점점 더 좋아질 수밖에 없다.

넷째, 리스크가 낮다.

콘텐츠를 발행했는데 생각보다 반응이 미적지근하다고 해보자. 당신이 잃는 것은 약간의 투자금, 시간, 노력이 전부다. 반면 자본 투자나 사업 실패 시 금전적인 피해가 크다.

다섯 번째, 수익이 자동화된다.

한번 콘텐츠를 생산하면 일하지 않아도 돈이 들어온다. 말 그대로 자고 있어도 돈이 들어오는 환상적인 투자다. 엠제이 드마코는 자신의 책《부의 추월차선》에서 돈나무를 심고, 일하지 않아도 저절로 돈이 벌리는 시스템을 구축하라고 이야기했다. 엠제이 드마코가 말한 대표적인 '돈나무'가 바로 '콘텐츠'이다.

이렇듯 콘텐츠 투자는 매력이 넘치며 앞으로도 다양한 플랫
폼이 출시될 거라고 기대된다. 참고로 교육 플랫폼인 클래스
101이나 직장인 업무 플랫폼인 퍼블리는 출시된 지 약 3년밖
에 되지 않았는데도 큰 성장을 이뤘다.

정리하자면 콘텐츠 투자는 앞으로도 활용 가치가 크다. 잘 활
용한다면 당신의 경제적 자유에 가속도를 붙일 수 있다. 소득이
높아진다. 투자금의 규모가 커진다. 그러면 결국 자본화를 이룰
수 있다. 그렇다. 투자금이 1년에 1,000만 원인 사람과 3,000
만 원인 사람의 5년 뒤 투자 결과는 불 보듯 뻔하다. 이는 당신
이 가기 싫어하는 회사를 수년 이상 빨리 나올 수 있다는 것을
의미한다. 이제 콘텐츠 투자에 대해 흥미가 생겼으면 자신에게
맞는 것을 찾아보자.

월급쟁이에게 손오공의
분신술이 필요한 이유

초등학생 때 일요일 낮이 되면 TV 앞을 사수했다. 부엌에서 들려오는 어머니의 간식을 먹으라는 말씀에도 관심이 없었다. TV에서 〈전국노래자랑〉이 끝나면 만화영화인 〈날아라 슈퍼보드〉를 하는데 어찌 간식에 눈이 돌아갈 수 있을까.

주인공인 손오공이 참 부러웠다. 분신술을 써서 다양한 일을 할 수 있으니까. 그때 분신술을 쓰는 나를 상상했다. 만화도 보고, 숙제도 하고, 뛰어놀기도 하고, 간식도 먹을 수 있다. 시간은 흘러 2021년 하반기, 20년이 지나도 터득하지 못한 분신술을 불과 2~3년 만에 사용하게 되었다.

(2021년 기준) 나의 몸은 여러 개다. 직장인, 유튜버, 블로거, 글로벌 셀러, 브런치 작가, 출간 작가, 자기계발 모임 리더 등. TV 속 손오공이 그랬듯 나는 분신술을 쓰고 있다. 이 중 직장인과 글로벌 셀러를 제외하고는 전부 콘텐츠 투자라고 할 수 있다. 이 직업들을 하나하나 살펴보자.

유튜버

처음으로 시작한 콘텐츠 투자다. 유튜브의 투자 결과가 좋았기에 다른 콘텐츠 투자를 시작하는 데 수월했다. 유튜브의 수입원은 다양하다. 내가 그동안 받은 제안만 해도 이렇다. 광고 제안, 타 유튜버와의 콜라보, 도서 출간, 온라인 클래스 개설, 출강, 각종 인터뷰, MCN(유튜버 기획사) 가입 등이 있다. 이 외에 본인의 의지에 따라 슈퍼챗, 유튜브 멤버십, 유료 단톡방, 전자책 판매, 컨설팅 등 부가 수입을 얻을 수 있는 루트도 다양하다. 즉, 하나의 소재로 다양한 파이프라인을 만드는 '원 소스 멀

티 유즈one source multi-use'의 대표 격이 유튜브라 할 수 있다. 그만큼 결실을 맺으면 그 열매는 단단하고, 향기로우며, 달콤하다.

블로거와 브런치 작가

유튜브와 달리 블로그 자체의 광고 수익만으로는 큰돈이 안 된다. 사람마다 다르지만 보통 커피 1~2잔을 사먹을 정도이다. 따라서 나는 기록용으로 쓰고 있다. 내가 새로 시작하는 것들, 나의 의지와 열정 등을 기록하고자 활용한다.

기록의 힘은 실로 엄청나다. 예를 들어보자. 장기록 씨와 노기록 씨가 있다. 둘은 모두 자신만의 분야에서 성공했다. 장기록 씨는 그간의 일들을 꾸준히 기록하며 SNS에 올렸다. 반면 노기록 씨는 기록하지 않았다. 당신이라면 장기록 씨와 노기록 씨 중 누구에게 매력을 느끼는가? 장기록 씨의 과거 콘텐츠를 보고 '장기록 씨도 그때는 힘들었구나, 이런 고민이 있었구나'라는 공감대와 동질감을 느낄 수 있다. 자연스레 장기록 씨의 콘텐츠에 힘이 실린다. 이것이 '기록의 힘'이다. 이것이 당장 돈이 안 되더라도 기록해야 하는 이유다. 나는 블로그에는 경제적 자유 달성 과정을, 브런치에는 퇴사 에세이 및 1인 기업 이야기를 남기고 있다. 묵혀두면 언젠가 역할을 톡톡히 할 것이다.

출간 작가

고전적인 콘텐츠 투자다. 이 또한 유튜버처럼 나에게 어떤 미래를 보여줄지 기대가 된다. 베스트셀러가 되면 여기저기서 작가를 찾는다. 출강은 물론이고 방송 출연과 새로운 책 출간 제안도 쏟아진다. 출간 작가가 되는 방법은 여러 가지가 있지만 가장 확실한 방법은 SNS를 키우는 것이다. 그렇다. 유튜브나 블로그, 브런치 등에 콘텐츠 투자를 하면 된다. 이제 비밀을 확실히 알아챘을 것이다. 콘텐츠 투자는 하나를 잘 키워놓으면 또 다른 하나를 키우기 쉽다.

자기계발 모임 리더

나의 롤 모델인 청울림 대표가 이끄는 '나인해빗$^{9 Habit}$ 프로그램'에서 메이트 역할을 맡고 있다. 프로그램의 일환으로 매일 올리는 인증 글은 나의 기록이 되며 곧 콘텐츠가 된다. 새로운 목표를 공표한다. 달성하기 위해 시간과 노력을 쏟는다. 만약 성공하면 '성공 스토리'라는 콘텐츠가 만들어지고, 실패하면 '시작하는 사람들이 주의해야 할 점'이라는 콘텐츠가 생산된다.

글로벌 셀러

명확히 따지자면 콘텐츠 투자는 아니다. 그러나 글로벌 셀러 또한 콘텐츠를 만들 수 있다. 나의 경우 지인을 도와 글로벌 셀러를 하고 있으며 월 2,000만 원의 매출을 올린다. 어떻게 월 2,000만 원이 가능한지 눈이 동그래지는 독자들이 있을 것이다. 그렇다. 이렇게 콘텐츠가 된다. '글로벌 셀러로 월급만큼 돈 버는 법'이라는 강의를 하면서 콘텐츠를 판매할 수 있다.

지금까지 내가 하고 있는 콘텐츠 투자를 설명했다. 퇴사 후에는 온라인 클래스·오프라인 강의, 두 번째 유튜브 채널 개설, PDF 전자책을 출간할 예정이다.

이쯤에서 무릎을 탁 치기를 바란다. 가장 핵심은 하나의 콘텐츠를 잘 투자해 놓으면 된다는 것이다. 그 뒤로 다른 콘텐츠 투자의 성과는 일사천리로 얻게 될 것이다. 따라서 시작은 욕심내지 말고, 단 하나의 콘텐츠로 시작하는 것이 좋다.

여러 개의 바구니에 계란을 담지 마라.
당신은 신이 아니다.
당신에게 주어진 '시간'과 '열정'은 한정되어 있다.

전화기 발명가인 알렉산더 그레이엄 벨은 이렇게 말했다.
"지금 주어진 일에 모든 생각을 집중하라. 햇빛은 초점을 맞추기 전까지 절대로 종이를 태우지 못한다."

하나만 잘하자.
그리고 나면 두 번째, 세 번째는 훨씬 수월하다.

나에게 맞는 콘텐츠 찾기
6가지 단계

많은 사람이 콘텐츠 투자를 꿈꾸지만 어떻게 시작해야 할지 모른다. 하고 싶다는 생각만 할 뿐, 스타트 끊는 법을 모른다. 툭 까놓고 이렇게 말하고 싶다.

"그냥 실행하세요."

물론 '그냥 실행'이 필요할 때도 있지만, 시작이 조심스러운 당신을 위해 여섯 단계의 가이드로 도움을 주고자 한다.

Step 1. '잘하는 것'과 '좋아하는 것' 사이에서 ──────

직장인들의 커리어 관련 FAQ(자주 하는 질문) 중 꼭 등장하는 물음이 있다.

'잘하는 것을 해야 할까요? vs 좋아하는 것을 해야 할까요?'

잘하면서 좋아하는 일을 하면 금상첨화겠지만 그렇게 하기 힘들기 때문에 고민을 하는 것이다. 그럼에도 나는 콘텐츠 투자자라면 잘하는 것을 해야 한다고 생각한다. 콘텐츠 투자자는 그 분야의 전문가이다. 퍼스널 브랜딩을 하는 사람인 콘텐츠 투자자는 단순히 좋아하는 일을 하는 것만으로 부족하다. 좋아하는 것은 누구나 할 수 있고 진입장벽이 낮다. 예를 들어 책 읽는 것을 좋아한다고 하자. 그럼 북튜버가 되는 것이 옳을까? 북 리뷰는 크리에이터의 날카로운 통찰력이 중요하다. 그러나 그것은 잘하는 사람이 따로 있는 영역이지, 좋아하기만 한다고 없던 인사이트가 생기지 않는다. 또한 잘하는 콘텐츠로 시작해야 성과가 빨리 나타날 수 있다. 1~2년을 지속해도 성과가 없으면 포기하기 십상이다.

이 사실을 잊으면 안 된다. 사람들이 당신을 찾는 이유는 분명하다. 바로 당신을 통해 유익한 정보를 얻고 싶어 한다는 것. 그러기 위해서는 먼저 잘하는 것을 콘텐츠화해야 한다.

Step 2. 친한 지인에게 물어보기

자신이 잘하는 것이 무엇인지 모를 수도 있다. 보통 자신에게 관대하지 못한 성격일 경우 특히 그렇다. 그렇다면 친한 지인에게 내가 무엇을 잘하는지, 남들보다 뛰어난 부분이 무엇인지 물어보자. 나도 절약이란 콘텐츠를 만들기 전에 아내에게 물어봤고 그녀도 내가 절약만큼은 타인보다 잘한다는 사실을 인정했다. 지인도 잘 모르겠다고 머리를 긁적인다면 한 분야를 정해서 미친 듯이 파라. 켈리델리의 켈리 최 회장의 말처럼 특정 분야에서 100권의 책을 읽으면 그 분야의 전문가가 될 수 있다. 책에서 얻은 지식을 바탕으로 경험하고 체화하면 된다. 어느새 머릿속에서 융복합이 일어나 당신만의 콘텐츠가 생길 것이다.

Step 3. 롤 모델 세 명 찾기 _____

잘하는 영역을 찾았으면 그 분야의 롤 모델 세 명을 찾자. 그리고 그들의 콘텐츠를 처음부터 끝까지 훑어라. 인기 동영상과 비인기 동영상을 분석하라. 영상을 훑으면서 댓글의 반응도 살피고 이 크리에이터는 왜 잘되는지, 단점은 무엇인지 분석하는 것이 포인트다. 이렇게 롤 모델 세 명을 분석해 종합적으로 보자. 그들의 장점은 취하고 단점은 타산지석으로 삼는다.

Step 4. 플랫폼 정하기 _____

영상, 텍스트, 이미지 중에 어떤 콘텐츠를 만들 것인지 생각하는 단계다. 처음부터 유튜브도 하고 블로그도 같이 하면 좋겠지만 현실적으로 쉽지 않다. 본인의 역량이나 트렌드에 따라 플랫폼을 정하라. 나는 영상 제작 역량이 제로였음에도 유튜브가 대세라서 유튜버가 되기로 결심했다. 그렇다고 모든 사람이 유튜버가 될 필요는 없다. 본인의 목표가 출간 작가라면 브런치나 블로거처럼 텍스트 중심의 플랫폼을 시작하는 것도 방법이다.

Step 5. 컨셉 잡기 _____

컨셉이란 '나다움'을 뜻한다. 같은 주제로 콘텐츠를 생산한다고 해도 색깔이 다르다. 초기부터 컨셉을 잡고 시작하는 것이 중요하다. 유튜브의 경우 재미있고 특별한 컨셉이 좋다. 예를 들어, 채널의 컨셉에 맞게 수염을 붙이거나 머리를 장발로 하는 등의 방법으로 시선을 끌 수 있다. 말투와 전달 방식도 하나의 컨셉이다. 타 콘텐츠 투자자와 차별화된 캐릭터는 빠른 성장을 도울 것이다.

Step 6. 콘텐츠 만들고 피드백하기 _____

실행하라. 컨셉까지 잡았으면 계속 준비만 하지 말라. 콘텐츠를 만들고 업로드하라. 그 후에 무엇이 아쉬운지 어떤 것이 좋았는지 피드백하라. 피드백한 결과를 반영해서 제작하라. 여기서 핵심은 피드백이다. 피드백 없이 '양질 전환의 법칙(양이 쌓이면 질도 좋아진다는 뜻)'을 운운하며 계속 만드는 것도 아주 나쁘지는 않지만 계란으로 바위 치기일 수 있다. 분명한 것은 피드백을 한 사람과 그렇지 않은 사람의 성장 곡선은 다르다. 유튜브계에 '사람들에게 알려질 때까지 버티자'는 의미로 "존버는 승리한다"라는 말이 있다. 그러나 '존버'도 피드백을 한 존버가 승리하는 법이지 평범한 존버는 실패할 수밖에 없다.

혹자는 이렇게 묻는다. "가슴 뛰는 일이 중요하다고 하는데 제 심장은 멈추었나 봐요. 그래도 이 콘텐츠를 제작해야 할까요?" 다꿈스쿨 청울림 대표는 이렇게 말한다.

"가슴 뛰는 일을 찾지 말고 가슴이 시키는 일을 하다 보면 가슴이 뛴다."

그렇다. 순서가 바뀐 것이다. 처음부터 가슴 뛰는 일을 한 사람이 얼마나 될까? 가슴이 시키는 일을 하다가 소기의 성과를 이룬다. 그 성과를 바탕으로 가슴 뛰는 일을 하는 것이다. 나의 경험을 비춰봤을 때 전적으로 동의하는 말이다. 그러니 부디, 이런저런 핑계로 시작을 멈추지 말고 일단 콘텐츠 하나만 제작해 보기를 바란다.

2018년 SBS 연예대상에서 연예인 이승기 씨의 수상 소감이 화제가 되었다. 그는 전역 이후 새로운 출발에 불안해했지만,

대상을 수상하며 멋지게 극복해냈다. 그는 그 비결을 다음과 같이 밝혔다.

"거거거중지 행행행리각(去去去中知 行行行裏覺)."
가고 가고 가는 중에 알게 되고, 행하고 행하고 행하는 중에 깨닫게 된다.

'찐 구독자'
10만 명을 모아보자

    사람들은 묻는다. 어떻게 하면 유튜브를 잘할 수 있는지. 나는 이렇게 답한다. '실행력', '꾸준함', '오기', '소통 및 약속'이 뒷받침되었다고 말이다. 기획력과 구독자의 마음을 꿰뚫는 심리 전략도 중요하지만 그건 빙산의 일각이다. 중요한 것은 시작하고, 지속하는 힘이다. 그 힘에 대해 구체적으로 살펴보자.

나는 월급쟁이에서 이렇게 독립했다

실행이 곧 완성이다 ━━━━━━━━━━━━━━━━━━

앞서 이야기했지만 '보람튜브'가 건물을 매입했다는 소식이 언론에 장식될 무렵, 나도 유튜브를 시작했다. 그 당시 지인들은 이렇게 말했다.

"아, 내가 1~2년 전에 유튜브 시작했으면 건물을 샀을 텐데. 지금은 레드오션이야."

그러나 나는 한번 부딪혀 보기로 했다. 무언가를 하려고 했을 때 찾아오는 고질병을 극복해 보고 싶었다. 돌아오지 않는 과거를 붙잡고 먹지도 못하는 '~라면'을 그만 찾고 싶었다. 그렇게 영상 편집은 전무하고 페이스북 이후로 SNS를 해본 적이 없던 나는 유튜브를 시작했다.

지금 나의 첫 영상을 보면 '3초 컷'이라는 말이 절로 나온다. 영상 재생 3초 안에 '뒤로 가기'를 누른다는 뜻이다. 그만큼 유튜브를 시작할 당시 나에겐 아무런 배경지식이 없었다. 그저 이번만큼은 꼭 '실행'하고야 말겠다는 의지만 있었고, 그것을 발판 삼아 여기까지 왔다.

아무리 컨셉이 좋고 아이디어가 좋아도 실행하지 않는 자에게는 어떠한 기회도 오지 않는다. 자기계발서 및 재테크 도서에서 '실행'의 중요성을 무한 강조한다. 실행은 복잡하고 대단한 것이 아니다. 그저 단 한 걸음만 움직이면 된다. 한 걸음도 과하다. 손가락 하나만 까딱하자. 백만장자 동기부여가인 레스 브라운은 이렇게 말하지 않았던가.

"시작하기 위해 위대해질 필요는 없지만 위대해지려면 시작부터 해야 한다."

주 2회 업로드, 원칙이자 철학 _____

유튜브 알고리즘의 간택을 받을 때까지 주 2회 영상 업로드를 고집했다. 주 1회 업로드는 '떡상'하기 어렵고 주 3회는 회사를 다니며 업로드하기 어렵다고 판단했다. 그렇게 6개월 가까이 매주 2개의 영상을 업로드했다. 그때 제작한 콘텐츠의 수는 45개쯤이었지만 구독자 수는 700명도 되지 않았다. 다른 유튜버와 비교하면 느린 페이스였다. 그때 심정은 마치 이랬다.

'미세한 빛이라고는 하나도 없는 터널을 뚜벅뚜벅 걷는 기분. 게임에서 레벨업을 위해 필요한 경험치를 알려주듯 지표라도

있으면 좋을텐데….'

그래도 포기하지 않고 꾸준히 주 2회 업로드를 고집했다. 회사 일을 제외하고는 유튜브에만 몰입했다. 그 결과 콘텐츠가 48개가 되어가는 시점에 내 채널, '절약왕TV'는 알고리즘의 선택을 받았고 조회수가 급증했다. 그 후 구독자 5만 명까지 날개 돋친 듯 증가했다.

콘텐츠 수가 48개가 되려면 얼마나 시간을 투자해야 할까? 제작 시간만 최소 600시간이다. 그 시간은 절대 보통의 것이 아니었다. 퇴근 후 쉬고 싶은 욕구를 이겨낸 시간이었고, 인생에 한 번뿐인 신혼 기간이었고, 그토록 좋아했던 야구를 볼 수 있던 시간이었다. 하브 에커의 저서 《백만장자 시크릿》에 나와 있듯, 나는 목표를 위해 대가를 치른 셈이다.

30번 넘어져도 일어나게 하는 힘, 오기 ────────

꾸준히 업로드를 해도 채널 성장 속도는 더뎠다. 그래서 한 유튜버 카페에 '뼈드백' 요청 글을 올렸다. 뼈드백은 멘탈이 나갈 정도의 피드백을 말하며 유튜버 카페에서 흔히 쓰는 용어다.

고맙게도 구독자 2,000~3,000명 채널을 보유한 분이 이런 뉘앙스로 댓글을 달았다. (참고로 유튜버 카페에서 구독자 2,000~3,000명 유튜버는 왕족이다.)

"이 정도 가지고 무슨 영상을 만드냐? 구독자 1,000명 절대 못 찍는다."

그분도 말이 심했다고 생각했는지 금세 댓글을 지웠다. 그러나 내 가슴속에 생긴 오기는 지우지 못했다. 오기는 그분의 구독자 수를 뛰어넘겠다는 목표로 변하게 되었다.

2020년 1월경 가뿐히 그의 구독자 수를 뛰어넘고 금의환향한 장군처럼 아내에게 말했다.

"○○채널 제쳤어!"

아직도 그 통쾌함과 성취감은 잊지 못한다.

180만 뷰 영상의 탄생 비화, 약속 및 소통 ─────────────

지금의 절약왕TV 채널을 있게 만든 180만 뷰의 그 영상. 유튜브 이용자에게 영상 썸네일이 노출된 횟수만 3,000만 회에

달한다. 우리나라 성인 대다수에게 한 번씩 노출은 되었다는 뜻이다. 그렇다면 어떻게 이런 영상이 탄생했을까? 정답은 단 하나. 구독자와의 약속과 소통이다. 구독자 수가 500명이 안 되었을 때 나는 한 영상에서 희망하는 콘텐츠를 댓글로 알려주면 제작하겠다고 약속했다. 한 구독자는 '청약 통장'에 대해 요청하였다. 고백하건대 청약 통장은 뻔한 주제라 생각해 썩 내키지 않았다. 다만, 구독자와 약속을 하였기에 묵묵히 제작했다. 바로 '청약 통장 활용법'이 그 영상이다. 구독자와 '소통'하겠다는 마음과 '약속'을 지키겠다는 다짐이 없었다면 지금의 절약왕TV는 없었을 수도 있다.

구독자 9만 명의 유튜버.
엄청난 스킬이 필요하지 않다.
성공의 요인은 단순하다.
실행력, 꾸준함, 오기, 소통, 약속.
나를 성장시켜준 요인들이자,
슬럼프에 빠졌을 때 다시 일어나게 할 최고의 솔루션이다.

콘텐츠 투자,
두렵고 막막하다면

콘텐츠 투자가 아무리 좋다고 해도, 처음엔 누구나 망설여질 것이다. 콘텐츠 투자 시작이 막막한 이유 네 가지를 하나하나 돌파하며 시작하는 힘을 불어넣어 보자.

푸른 바다 vs 빨간 바다

"유튜브는 이미 레드오션이야."

"1~2년 전에 유튜브를 했더라면."

2019년 유튜브를 시작할 당시 주변인들의 반응이다. 그들은 유튜브를 레드오션이라 평가하며 합리화했다. 그렇다면 2022년 현재, 유튜브는 푸른 바다인가, 빨간 바다인가? 유튜버는 지속적으로 늘어나니 핏빛 바다일까?

결론부터 말하자면 블루오션과 레드오션 문제는 사람 마음에 달려 있다고 생각한다. 많은 유튜브 채널을 보면 알 수 있다. 재능이 있다면 수개월 내로 실버 버튼을 받을 수도 있다. 이 사실은 미래에도 변하지 않을 것이다. 분명 2023년, 2025년에도 새로운 유튜브 스타가 떠오를 것이며 누군가는 1~2년 전에 시작했어야 한다는 아쉬움을 언급할 것이다.

글로벌 셀러도 마찬가지이다. '쇼피'는 동남아에서 제일 큰 이커머스 플랫폼이며 주로 한국 제품을 동남아인에게 판매한다. 내가 시작할 당시 다른 블로거나 유튜버는 부정적으로 이야기했다. 쇼피는 이제 레드오션이라고. 신규 진입자들은 어려울 것이라고. 그때 나는 쾌재를 불렀다.

"나이스, 경쟁자가 줄어드니 기회다."

레드오션이라서 불가능하다던 유튜브를 통해 검증했듯이 쇼피 또한 검증해냈다. 이 글을 집필 중인 시점에 월 매출이 2,000만 원을 가뿐히 돌파했다. 사람들의 말을 듣고 레드오션이라고 생각해서 포기했다면 어떻게 되었을까?

콘텐츠 투자를 시작한다면 시청자는 한정되어 있고 크리에이터가 늘어나니 경쟁이 치열할 수밖에 없다. 이럴 때는 노는 물을 바꾸면 된다. 많은 사람이 바다낚시를 한다. 대다수 비슷한 낚싯대를 들고 비슷한 장소에서 우럭을 낚으려 한다. 그럴 때 그들과 유사한 낚싯대를 들고 다니지 말고 더 긴 낚싯대를 준비하자. 그리고 배를 타고 떠나자. 우럭 대신 심해어를 낚으며 노는 물을 달리하자. 차별점을 두라는 뜻이다.

무엇이든 레드오션이라고 생각하는 사람에게 묻고 싶다.
"당신의 오아시스는 무엇인가요?"
"당신만의 오아시스에서 블루오션을 발견했나요?"
"그렇다면 그 블루오션은 무엇인가요?"
그 사람이 과연 답을 할 수 있을까?

지금 이곳이 블루오션인지 레드오션인지는 마인드에 따라 달라진다.

그 사람의 마인드에 따라, 햇빛에 반짝이는 청량한 바다일지 상어들이 물어뜯는 핏빛 바다일지가 결정된다.

주제 선정의 고민

남들보다 조금 더 잘하는 것으로 시작하면 된다. 나의 유튜브 채널인 절약왕TV도 남들보다 절약력이 뛰어나 기획한 것이다. 즉, 생존 본능으로 타인보다 같은 상품을 더 저렴하게 살 수 있는 능력이 있었다. 어렸을 때 집안이 어려워 소액으로 최대 만족을 얻을 수 있는 방법이 무엇인지 항상 고민했다. 어디서 구매하는 게 더 저렴할지 찾는 습관이 들었고 남들보다 돈을 잘 모으게 되었다. 그것이 곧 콘텐츠가 된 것이다.

이런 생각을 하는 사람도 있다. "내가 잘하는 건 마이너한 분야인데 구독자를 모을 수 있을까?" 유튜브를 하는 목적이 브랜딩이면 충분하다. 마케팅 책을 보면 1,000명의 슈퍼팬을 모으라고 이야기한다. 슈퍼팬은 당신의 행동을 좋아하고 당신이 판매하는 상품을 사줄 '찐 구독자'를 말한다. 1,000명의 구독자와 끈끈한 관계를 유지하면 구독자 10만 명의 유튜버가 부럽지 않다.

만약 애드센스(구글의 광고 프로그램), 광고 수익 등 유튜브 안에서 창출하는 수익이 목적이라면 대중적인 주제가 좋다. 이미 메가 인플루언서들이 꽉 잡고 있다고? 그렇다면 아까도 말했듯 차별점을 두어 우럭 대신 심해어를 잡자!

어떻게 시작해야 할까?

"준비하고 발사하고 조준하겠다."

하브 에커의 저서 《백만장자 시크릿》에 나오는 문구이다. 군대에 가면 개인 소총을 지급한다. 사람의 신체에 따라 조준점(크리크)이 다르다. 따라서 조준점 수정을 위해 영점 사격을 한다. 세 발씩 사격하고 탄착군을 확인한다. 조준점을 수정하고 또 세 발씩 사격하며 다시 조준점을 수정한다. 이렇듯 발사 후

조준점을 찾고 목표에 적중할 필요가 있다.

완벽해질 때까지 기다리지 말고 일단 첫 콘텐츠부터 업로드하자. 주제와 컨셉을 정했다면 제작 후 업로드 버튼만 '딸깍' 클릭하면 된다. 굳이 처음부터 좋은 장비를 살 필요도 없다. 나는 6년 전에 80만 원 주고 산 노트북과 스마트폰인 갤럭시 S8로 시작했다. 장비는 무엇을 살지, 편집 프로그램은 어떤 것이 나을지 꼼꼼하게 하나씩 다 알아보지 마라. 장담하건대 그 사이에 열정은 신기루처럼 사라질 것이다.

"시작은 했는데, 아무도 안 봐요"

콘텐츠를 지속적으로 올려도 노출이 안 된다며, 조회수가 적다며 의기소침하는 사람이 많다. 처음엔 안 되는 게 당연하다. 이럴 땐 톤앤매너를 유지하며 하나, 둘, 수십 개의 콘텐츠를 쌓으며 피드백을 거치자. 자연스레 사람들이 모인다. 사람들이 모이며 기회의 땅으로 진입한다. 당신만의 브랜드가 생긴다.

세상에 가치가 없는 글과 영상은 없다.

지금 이 순간, 세상이 나를 몰라준다고 원망할 필요는 더 없다. 사람마다 타임라인이 다를 뿐이다. 그 마지막 순간까지 밝은 미래를 믿는 '나'만 있으면 된다.

아, 당신이 해야 할 것이 하나 더 있다.

무대 위에서 스포트라이트를 받을 당신을 상상하라.

준비되었는가?

마라탕과 콘텐츠 투자의 공통점

마라탕을 먹어본 적이 있는가? 마라탕은 '마라'라는 특유의 향신료가 들어간 중국 쓰촨 러산에서 유래한 중국 음식이다. 매운맛을 좋아하는 우리나라 사람의 입맛을 저격해 인기를 끌고 있다. 알싸하고 매운맛에 손이 가게 만드는 중독성 강한 음식이지만 염도가 높고 자극적인 만큼 소화 기능을 담당하는 위에 부작용이 생길 수 있다.

콘텐츠 투자도 마라탕과 비슷하다. 콘텐츠를 생산하다 보면 갖가지 유혹에 빠지며 중독된다. 단기적인 유혹은 맛나지만 지나치면 문제가 생길 수 있다. 즉, 내성이 생겨 더 자극적인 것을 원하고 결국 소화해내지 못한다. 그렇게 콘텐츠 투자가 실패할 수 있다.

콘텐츠 투자를 시작한 지 3년이 되어간다. 여러 시행착오를 겪었다. 잘 풀릴 때도 있고 그렇지 않을 때도 있었다. 목표에 빨리 도달하고 싶어 과속과 신호 위반을 하고 싶은 유혹이 들 때도 있었다. 그래도 지속하다 보니 성공 요인과 실패 요인을 깨달았다. 누군가 나에게 콘텐츠 투자에 앞서 알려줬으면 하는 것들을 당신에게 전하고자 한다. 지름길이나 편법은 아니지만 목적지까지 당신을 안전하게 데려다줄 것이다. 이제 여덟 가지 '~마라'를 알아보자.

톤앤매너를 깨지 마라

톤앤매너는 컨셉 및 주제의 일관성을 말한다. 콘텐츠 투자를 하다 보면 욕심이 생긴다. '톤앤매너를 유지한 브랜딩이냐, 개별 콘텐츠의 조회수냐, 그것이 문제로다'라는 딜레마에 빠진다.

처음에는 먹방으로 시작했지만 어느새 재테크 이야기도 하고 홈트(홈 트레이닝)도 한다. 구독자 입장에서는 당황스럽다. 먹방이 좋아 팔로잉을 했는데 먹방 콘텐츠는 올라오지 않고 갑자기 홈트를 한단다. 잘 안 풀릴수록 이런 유혹에 쉽게 빠지니 주의하자. 참고로 콘텐츠 투자자가 확실한 캐릭터를 가지고 있다면 인물 자체가 컨셉이니 여러 주제를 시도해도 구독자들이 호응한다. 대표적으로 토킹 유튜버 및 브이로거가 그렇다.

수익화에 목매지 마라

자칫하면 구독자를 돈으로 본다는 소리를 듣는다. 그 순간 크리에이터는 설 자리를 잃으며 추락한다. 책《그대, 스스로를 고용하라》에서 구본형 작가는 당신이 남들에게 장사꾼으로 보이는 날, 시장에서 끝난 것이라고 했다. 다시 말해, 구독자한테 최대한 혜택을 나눠주며 신뢰를 쌓은 후 수익화를 추구해야 한다. 그러나 '죽음의 계곡'을 넘지 못하는 크리에이터가 있다. (죽음의 계곡은 기쁨을 맛보기 전에 넘어야 할 방해물을 비유한다.) 그 계곡만 넘으면 더 큰 수익과 기회가 기다리고 있을 것이다.

거짓말이나 과장을 하지 마라 ─────────────

일부 유튜버는 믿음을 저버린다. 자신만의 색깔을 확고히 하거나 좋은 이미지를 보여주기 위해 거짓말을 일삼는다. 그들이 처음부터 거짓말을 하려고 했을까? 아닐 것이다. '이 정도는 괜찮겠지', '이 정도는 다른 유튜버도 하겠지'라는 안일함으로 구독자에게 거짓말을 했을 것이다. 콘텐츠 투자자는 진정성이 있어야 한다. 그게 오래가는 길이고, 손바닥으로 하늘을 가릴 수 없다는 것을 명심하자.

하나의 플랫폼만 고집하지 마라 ─────────────

한때는 나도 어리석어 유튜브에만 몰입했다. 그러나 효율성을 따지자면 여러 플랫폼에 복제하는 것이 좋다. 유튜브 영상을 그대로 네이버TV에 올려도 되고, 텍스트로 변환해 블로그에 업로드해도 좋다. 음성만 추출해 팟캐스트에 활용할 수 있다. 구독자마다 선호하는 플랫폼이 다르다. 유튜브가 대세라고 하지만 블로그나 팟캐스트를 사용하는 숨은 구독자도 있다. 또한 찐 구독자들에게는 여러 플랫폼에서 당신을 찾아내는 재미까지 선사할 수 있다. 참고로 앞에서 말한 '하나의 콘텐츠에 집중하자'는 말과는 맥락이 다르니 오해하지 말아달라. 깔끔하게 정리하면 콘텐츠는 하나만, 복제는 여러 곳에!

하고 싶은 말을 하지 마라

막상 실행하려면 어려울 수 있다. 나 또한 100% 잘 지키고 있다고 말할 수 없다. 콘텐츠는 '소비자 친화적'이어야 한다. 내가 하고 싶은 말이 아닌 상대가 궁금해하는 내용을 담아야 한다. 당신이 보는 이 책도 마찬가지다. 내가 하고 싶은 말만 했더라면 자서전을 썼을 것이고 당신은 여기까지 읽지도 않았을 것이다. 따라서 상대방이 궁금해하는 것을 항상 초점에 두어야 한다. 어려운가? 두 가지만 생각하자. 콘텐츠에 '교훈(감동)'이나 '정보'를 담자. '재미'까지 있다면 금상첨화다.

혼자 판단하고 개선하지 마라 _____

문제가 생겼을 때 간단한 것은 척척 개선하면 되지만 굵직한 것은 구독자와 충분히 소통해야 한다. 과거에 유튜브 채널명을 '절약왕TV'에서 '프리라이더'로 변경한 적이 있다. (혼자 결정한 사정이 있었다.) 채널명을 바꾸고 공지를 했다. 어떤 댓글이 달렸을까? "채널명은 갑자기 왜 바꾸나요? 기존이 더 좋은데ㅜㅜㅜ", "구독 취소하겠습니다." 찐 구독자는 채널을 같이 만들어간다고 생각한다. 개선하려고 하기 전에 충분히 여론을 수렴하자.

약속을 어기지 마라 _____

일주일에 콘텐츠를 2개 업로드하겠다고 공지했으면 무조건 지켜라. 불가피하게 못 올리게 되면 커뮤니티를 활용해 변명이 아닌 용서를 구하라. 작은 행동이지만 구독자들은 감동한다. 구독자와 약속을 잊지 않고 지키려 하는 모습에서 신뢰를 느끼기 때문이다. 콘텐츠 투자자는 '신뢰'가 중요하다. 신뢰를 잃으면 구독자는 떠난다. 떠난 구독자는 쉽게 돌아오지 않는다.

한 곳에만 사람을 모으지 마라

내가 실수한 부분이다. 브랜딩의 효과를 보려면 사람을 모아야 한다. 그들이 떠나지 않고 모여 있도록 해야 한다. 그러나 나는 유튜브 댓글로만 구독자들과 소통했고 모이는 효과가 미미했다. (모든 댓글에 대댓글, 즉 댓글에 다는 댓글을 다는 게 내 원칙이었기 때문에 그것만으로 충분하다고 착각했다.) 카카오톡 단톡방이든 네이버 카페든 무조건 구독자들이 모일 수 있는 공간을 마련하라. 친밀해져서 찐 구독자로 만들어라. 반드시 커뮤니티를 만들어야 한다. 강사가 단톡방을 만든다거나 카페에 자료를 제공해 가입을 유도하는 목적은 분명하다. 바로 사람이 모이는 커뮤니티가 필요하기 때문이다.

나의 콘텐츠 투자 경험에서 우러나온 여덟 가지 '~마라'를 명심하자. 중독성이 강하고 매운 마라탕을 잘못 먹으면 위염에 눈물이 날 수 있다. 힘들여 싹 틔운 콘텐츠 자본을 일순간에 뿌리 뽑지 마라. 이는 눈물이 아닌 피눈물이 될 것이다.

유튜버로 회사에서
살아남는 노하우

없다. 콘텐츠 투자자로 회사와 공존하는 방법 말이다. 사실, 그 방법이 있을 줄 알았다. 그러나 내 경험상 장기적으로 가면 힘들다. 사자성어로 표현하면 동상이몽. 같이 있지만 다른 생각을 한다는 뜻이다. 두 사람이 유람선을 타고 바다를 항해한다. 한 사람은 갈매기를 보며 새우깡을 생각하고 다른 사람은 인스타그램에 올릴 사진을 생각하는 식이다.

회사 일을 완벽히 소화하고 집중한다고 해도 오해를 받기 쉽상이다. 근무 시간에 콘텐츠 아이디어 정리하는 거 아니냐고, 수면이 부족해 근무를 제대로 못 하는 거 아니냐고, 다른 생각을 하고 있으니 실수하는 거 아니냐고. 부정적인 피드백의 원인은 결국 '겸직'으로 귀결된다.

회사와 콘텐츠 투자자의 입장 차이

회사는 '조직의 지속성'이 중요하고 당신은 '개인의 발전'이 소중하다. 회사는 직원의 콘텐츠 투자가 잘될수록 조직원 간 위화감 등을 걱정한다. 회사가 콘텐츠 투자와 같은 겸직에 부정적인 이유는 당연하다. 퇴근을 하고 온전히 쉬어야 다음 날 출근해서 정상적 컨디션으로 일을 한다. 또한 콘텐츠에 사회 통념상 어긋나는 이야기를 하거나 정치적인 이야기를 하면 회사 이미지에 타격을 입을 수 있다. 회사는 직원이 업무만 생각하며 좋은 성과를 보여주기를 바란다. 무엇보다 한 명의 콘텐츠 투자자를 묵인해 주면 제2, 제3의 콘텐츠 겸직자가 나온다. 이는 조직 유지에 불안 요소일 수 있다.

반면 개인은 자신의 발전이 중요하다. (일부 독자들은 회사가 더 중요하다고 생각할 수 있다. 불과 2~3년 전까지 내가 그랬으니까.) 다만, 회사에서 뛰어난 퍼포먼스를 보여줘도 보상은 한정적이다. 자신의 성과만큼 대가가 돌아오지 않는다. 내가 통제할 수 없는 것들이 많다. 10년, 20년 뒤 회사가 어떻게 될지 모른다. 자연스레 내 인생도 연대보증에 자동 가입된 기분이다.

물론, 일부 회사는 사원의 겸직에 크게 신경 쓰지 않는다. 그러나 겸직 사실이 공공연하게 알려지면 상당수 회사는 용인하지 않는다. 겸직을 금지하거나 눈치를 주며 통제한다. 만약 당신이 이러한 상황에 처하게 된다면 섭섭해하지 마라. 같은 공기를 마셔도 생각과 목표가 다르니 회사의 반응은 당연한 것이다.

콘텐츠 투자자의 선택

투자 성과가 쏠쏠하게 나고 있는데 어떡해야 할까? 선택의 갈림길에서 '남느냐', '떠나느냐'를 택하면 된다. 반면 성과가 없거나 미미하면 어떡해야 할까? 어떻게 하면 확실한 성과가 날 때까지 회사와 공존할 수 있을까?

나는 콘텐츠 투자와 회사 일을 1년 넘게 병행했고 그 당시 원칙이 있었다. 그것을 소개하겠다.

하나, 겸직을 지인들에게 자랑하지 않는다.

콘텐츠 투자를 하면 다양한 곳에서 재미있는 제안들이 들어온다. 동료에게 이야기하고 싶어 입이 근질거려도 입 밖으로 꺼내지 않는다. 상대가 먼저 물어봐도 미지근하게 대응한다. 이는 위화감을 예방하고 적을 만들지 않기 위한 방편이다. 발 없는 말이 천 리 간다고, 소문은 삽시간에 퍼지고 오해까지 불러일으킨다.

둘, 긴급한 업무 지시는 곧장 해낸다.

상사의 지시에 불만을 가지지 않는다. 어려운 것이라도 일단 한다. 퇴근 시간이 지나도 한다. 이는 회사가 우선순위에 있다는 것을 공고히 알리는 것이다.

셋, 절대로 회사에서 겸직 업무를 보지 않는다.

나의 컴퓨터 기록을 누군가 모니터링한다는 생각으로 임한다. 업무 시간에 겸직 관련 일을 하지 않는다. 이는 불성실한 태도로 오해받지 않기 위함이다.

넷, 공식적인 회식이 있으면 빠지지 않는다.

당일에 회식이 잡혀도 참석하려고 노력한다. 이는 두 번째와 마찬가지로 회사가 우선순위에 있다는 것을 밝히는 것이다.

다섯, 절대 지각하거나 급작스러운 연차를 내지 않는다.

겸직 때문에 발생한 지각이나 연차가 아니라도 오해받기 쉽다. 즉, 성실한 근무 태도를 지켜야 한다. 이는 겸직으로 인한 근무 태도 불성실이란 오해를 불식하기 위함이다.

회사와 공존하는 노하우는 간단하다.

잘난 척 금지와 입조심.

성실한 근무 태도.

회사가 우선이라는 마인드.

묵묵히 때를 기다려라.

투자의 결실로 월급 독립할 수 있는 그날을!

슬럼프가 왔다면
박수를 쳐라

한 남자가 소파에 누워 프로야구를 시청한다. 응원하는 팀인 기아타이거즈가 점수를 내면 주먹을 불끈 쥐고 실점을 하면 아쉬운 표정을 짓는다. 경기가 지루하다고 느끼면 소확행(소박하지만 확실한 행복)을 최대화하는 금빛 맥주 '맥스'를 홀짝인다. 야구가 끝나자 넷플릭스 드라마인 〈종이의 집〉을 정주행한다. 소파에는 내 몸을, 드라마에는 내 정신을 맡기던 중 핸드폰에서 알람이 울린다. 즐겨 들었던 팟캐스트인 〈월급쟁이 부자들〉의 팝업 알림이 잔소리처럼 들린다. 엄마의 잔소리에 방문을 닫듯이 재빠르게 오른쪽 엄지를 왼쪽으로 밀어낸다. 재테크 정보, 동기부여로 가득했던 유튜브 메인은 어느새 '결말 포함 영화', '서프라이즈' 같은 킬링타임 콘텐츠로 가득 차 있다. '한때는 경제적 자유를 꿈꿨지…'라며 씁쓸한 미소를 지으며 뜨뜻미지근하고 누리끼리한 맥주를 홀짝인다.

2020년 하늘이 요술을 부리며 아름다운 가을 정취를 선물할 무렵, 나에게 슬럼프가 찾아왔다. 당시 유튜브는 성장세였지만 5개월 가까이 단 하나의 콘텐츠도 업로드하지 않았다. 참고로 유튜버에게 업로드는 생명과 같다. 콘텐츠를 지속적으로 생산하지 않는 유튜버에게 알고리즘은 벌을 내린다. 모든 유튜버가 두려워하는 영상 노출 감소. 이를 잘 알고 있었지만 나는 카우치 포테이토(소파에서 하루 종일 TV 보며 감자칩을 먹는 사람, 즉 빈둥거리는 사람을 비유적으로 의미)였던 과거의 그때로 돌아갔다.

무슨 일이 있었던 걸까? 더 잘하고 싶은 욕심이 있었다. 직장에 다니며 유튜브를 했고 블로그와 독서 그리고 다이어트까지 잘하고 싶었다. 누구에게나 하루 24시간이 동일하다는 사실을 망각했다. 유튜브로 목표를 이룬 경험을 과신해서였을까? '세상에는 못할 것이 없다'라는 미친 자신감으로 새로운 것들을 동시에 시작했다. 회사에서 있었던 일은 더 깊은 슬럼프에 빠지게 만들었다. 결국 단 하나도 제대로 하기 어려웠고 모든 것을 내려놓았다. 1~2주만 쉬자는 마음이 무려 5개월이나 이어졌다. 유튜버로서 중요한 시기였지만 5개월을 허송세월로 보냈다. 왜 그랬을까?

첫째, 모든 것을 잘하려고 했던 것이 문제였다.

한 곡예사가 있다. 그는 다섯 개의 유리공을 저글링한다. 그는 처음부터 다섯 개의 공을 저글링했을까? 하나, 두 개, 세 개 그리고 다섯 개의 공을 순차적으로 늘렸을 것이다. 분명한 것은 처음부터 다섯 개의 공을 저글링하지 않았을 것이다.

그러나 나는 '회사'와 '유튜브'라는 두 개의 공을 저글링한 지 얼마 안 되었는데 다섯 개의 유리공으로 곡예하려고 했다. 호기롭게 시작했지만 손과 뇌는 따로 노며 어찌할 줄을 몰랐다. 유리공은 하나씩 박살이 났다. 튼튼하다고 믿었던 '유튜브'라는 유리공마저 바닥에 떨어지며 금이 갔다. 그렇다. 욕심내지 말고 하나씩 안착시켰어야 했다. 당신이 콘텐츠 투자를 시작하고 결실을 맺을 때 분명 욕심과 자신감이 생길 것이다. 그러나 부디 나와 같은 실수를 하지 않기를 바란다.

둘째, 다른 사람과 비교하기 시작했다.

자연스럽게 조급해진다. 과거의 나와 비교를 해야 하지만 타인의 재능과 아웃풋을 부러워했다. 자신감은 불안함으로 바뀌고 의기소침해진다. 평소 능력이 나오지 않는다. 그렇게 다섯 개의 유리공을 저글링하는 나는 균형을 잃기 시작한다.

슬럼프 기간이 끝나고 철학책을 접했다. 비로소 타인과 지나친 비교는 금물이라는 것을 알게 되었다. 그 당시 사이토 다카시의 《곁에 두고 읽는 니체》를 읽으며 무너진 이유를 찾았다. 인간에게는 원한, 증오, 질투 등 부정적인 감정이 마음속에 쌓이는데, 이를 '르상티망'이라고 부른다. 부정적인 에너지에 삶을 맡기면 끝은 파열한다는 것이다.

셋째, 슬럼프를 받아들이지 않았다.

열정은 상온에 꺼내놓은 맥주처럼 시간이 지나면 미지근해지며 본연의 맛을 잃는다. 그럴 때일수록 더 열심히 해야 한다며 스스로를 채찍질하고 열정을 외쳤다. 채찍질은 더 깊은 슬럼프를 만들었다. 돌이켜보면 슬럼프가 생겼다는 것은 축하를 받을 일이다. 열심히 하지 않으면 슬럼프도 오지 않는다. 평소와 똑같은 일상을 사는데 어찌 슬럼프가 오겠는가? 경제적 자유를 이룬 사람들을 보면 모두 슬럼프를 겪었다. 그렇다. 슬럼프를 겪는다는 것은 경제적 자유에 한 발짝 더 다가감을 의미한다.

물론, 슬럼프를 극복하고 다시 발을 내딛어야 한다. 세상 이치가 그러하듯 단점이 있으면 장점이 있다. 슬럼프도 마찬가지다. 지금처럼 당신에게 이야기할 콘텐츠가 되고, 중요한 시기에 똑같은 실수를 반복하지 않게 만드는 등 나를 더 단단하게 만들었다. 독일의 철학자 니체는 말하지 않았던가. 나를 죽이지 못하는 고통은 나를 더 강하게 만든다고.

사고를 전환하자.
슬럼프가 왔다는 것은 그만큼 열심히 했다는 것.
성공과 가까워졌다고 생각하며 마음의 여유를 찾자.

그동안 열심히 달려온 자신에게 '격려'의 의미에서,
경제적 자유와 더 가까워진 자신에게 '축하'의 뜻으로,
가슴속에서 우러나오는 뜨거운 박수를 보내자.

고통 없는 성공은 없으며,
비가 내린 뒤 무지개가 뜬다는 사실을 잊지 말자.

기록이
곧 자산이다

나는 불과 3년 전까지 자의로 다이어리를 쓴 적조차 없다. 기록의 가치를 몰랐고 글을 쓴다는 것이 귀찮고 힘든 일이라고 생각했다. 그러나 콘텐츠 투자자가 되니 '기록의 힘'은 상상 이상이라는 것을 느끼며 지금까지 나만의 기록을 이어나가고 있다.

기록이 중요한 이유를 몇 가지 이야기하자면 다음과 같다.

첫째, 콘텐츠 투자자의 진실성과 신뢰성을 높인다.

한 크리에이터가 혜성처럼 나타난다. 자신은 특정 분야에서 성공을 거뒀고 그 방법을 알려준다고 모객을 한다. 화려한 언변과 현란한 제스처에 사람들은 관심을 보인다. 그러나 그의 과거 행적이나 성과의 진실은 알 수가 없다. 일부 구독자들은 의심의 눈초리를 보낸다. 만약 크리에이터의 말이 사실이라면 억울한 일이다. 하지만 기록이 없기 때문에 신뢰성에서 마이너스 점수를 받게 된다. 반면 꾸준히 기록했다면 그의 성과와 주장에 힘이 실리며 콘텐츠가 된다.

둘째, 휴머니즘을 느낀다.

콘텐츠 투자자는 그들의 구독자보다 전문적이지만 해당 분야에 대해 아무것도 몰랐던 시절이 있었다. 자신의 구독자들처럼 스트레스를 받고 고민했던 시절 말이다. 만약 콘텐츠 투자자가 초보 시절 그 과정을 기록했다면 어땠을까? 구독자들은 그 기록을 보고 동질감을 느끼고 위로를 받을 것이다. 이는 콘텐츠 투자자와 구독자 간의 거리를 좁혀 끈끈한 관계를 만들어준다.

셋째, 인사이트를 불러일으킨다.

문득 아이디어가 떠오를 때가 있다. 그럴 때 즉시 메모를 하지 않으면 불과 1~2시간만 지나도 '내 머릿속의 지우개'라는 영화 제목이 불쑥 떠오른다. 그러나 에버노트나 노션 같은 메모 앱에 기록하면 휘발되지 않는다. (핸드폰에 기본적으로 설치되어 있는 메모 어플도 좋다.) 시간이 지나 메모장 속 아이디어를 살펴보면 인사이트가 고개를 치켜들고 반갑게 맞아줄 때가 있다. 지식과 경험은 축적된다. 메모할 당시에 생각하지 못했던 것들이 새로운 시각으로 보이게 된다.

베스트셀러 저자 팀 페리스는 책《타이탄의 도구들》에서 이렇게 언급했다.

"시간은 빠르게 사라지고 모든 일은 구름처럼 흘러간다. 그 찰나의 순간들 속에 우리가 얻어야 할 인생의 영감과 힌트, 단서들이 담겨있다. 이것들을 놓치지 않는 유일한 방법은 '기록'이다."

팀 페리스, 《타이탄의 도구들》, 토네이도, p.245

• **Chapter 5** •

나만의
경제적 자유
지도 그리기

To. 조기 은퇴를 꿈꾸는 당신에게

'파이어족'이 코로나19 이후 다시 한번 떠오르고 있습니다.
파이어족은 '경제적 자유를 찾아 조기 은퇴하는 사람'을 뜻하는데요.
소비지상주의로 변해버린 '욜로'처럼 기존의 의미가 변질되고 있습니다.

파이어족의 진정한 의미는 덮어둔 채, 각종 자극적인 콘텐츠로 '일하기 싫은 젊은이들이 외치는 것', '다른 가치는 제쳐두고 빨리 부를 쌓아 퇴사하는 사람들'이라는 이미지로 굳혀지고 있지요.

혹시 그냥 직장 다니기 싫어서, 편하게 살고 싶어서
파이어족과 조기 은퇴를 꿈꾸시나요?

파이어족은 하나의 철학이지, 탈출구가 아닙니다.
현재가 중요하냐, 미래가 중요하냐의 오랜 담론이 오간 물음표에
느낌표를 떠올린 사람들이 진정한 파이어족이죠.

파이어족은 주어진 현실에서 새로운 삶의 양식을 발견하면서,
중용을 지키기 위한 철학과 라이프 스타일을 추구하는 사람입니다.

나는 월급쟁이에서 이렇게 독립했다

물질적인 풍요로움만 추구하는 게 아닌,
정도를 알고 시간이라는 가치를 소중하게 여기는 사람입니다.

로또로 파이어족이 될 수 있을까요?
비트코인으로 한 방을 노려 파이어족이 될 수 있을까요?
철학이 없는 파이어족은 존재할 수 없습니다.
그런 파이어족은 결국 다시 원상태로 돌아올 수밖에 없지요.

그럼 어떤 파이어족이 되어야 할까요?
어떻게 경제적 자유를 지향해야 할까요?
자신만의 경제적 자유 지도를 그려야 합니다.

마지막 챕터에서는,
자신만의 경제적 자유 지도를 그릴 때 주의할 점을 알아보고
그 구체적인 사례로 제가 그린 지도를 펼쳐봅니다.
투박하지만 하얀 도화지에 펼쳐질 스케치가
경제적 자유를 이루는 이정표 역할을 하게 될 겁니다.

현재 vs 미래,
무엇이 중요한가

"미래보다 현재가 중요해. 지나간 시간은 돌아오지 않아."

경제적 자유 지도를 스케치할 무렵, 아내는 나에게 말했다. (앞으로 경제적 자유 지도는 드림 지도라고 부르겠다. 경제적 독립이라는 꿈을 꾸게 하고, 자유 이후 새로운 꿈이 기다리니까.) 나는 답답한 마음을 누르고 응수했다.

"현실에 안주하는 삶은 미래가 보장되지 않아. 경제적 자유를 위해 대가가 반드시 필요해. 그 대가는 현재 가족과 많은 시간을 보내지 못하는 거지. 내가 알코올을 들이마시고 게임하느라고 가족과 시간을 보내지 못하는 게 아니잖아."

참 답답하다. '현재의 행복이냐, 미래의 행복이냐'의 문제는 '닭이 먼저냐? 달걀이 먼저냐?'와 비슷한 맥락이다. 솔로몬이 부활해도 해결하기 어려울 난제다. 이러한 대화는 뫼비우스의 띠처럼 돌고 돈다. 시간이 지날수록 현재와 미래에 대한 인식 차이는 주머니에 넣어놓은 이어폰 줄처럼 꼬이기만 했다.

2021년 초, 풀수록 꼬여가는 이 문제를 해결할 필요가 있었다. 그리고 나 자신과 마주 앉았다. '누구의 말이 옳고 틀린 게 아니다. 어떻게 중간을 찾을 수 있을까? 나는 어떨 때 행복한가? 꼭 부자가 되어야 하는가? 내가 우선하는 가치는 무엇인가? 내 삶의 비전은?' 무자비하게 이어진 물음표는 하나의 명쾌한 물음표가 되었다. '행복하려면 얼마나 많은 돈이 필요한가?' 그리고 먼지 쌓인 계산기를 통통 튕겼다.

나와 아내는 과소비나 과시를 좋아하는 편이 아니다. 돈이 많이 드는 취미도 없다. 우리의 가치관이 있기에 자녀의 사교육비에 큰돈을 쓸 생각도 없다. (그 돈으로 자녀의 사업, 투자 등 하고 싶은 일을 지원할 것이다.) 그렇다. 우리에게는 많은 돈이 필요하지 않다. 주변에서 하도 '부자, 부자' 하니 돈이 많아야 행복한 삶인 줄 착각했던 것이다. 100억 원 또는 최소 50억 원은 있어야 행복한 삶을 살 것이라고 근거 없이 믿었던 것이다.

어느 날 아내와 티 타임을 가졌다. 이 값진 시간은 부에 대한 정의를 새로 내리는 데 충분했다. 미국 파이어족인 스콧 리킨스의 책 《파이어족이 온다》에서 영감을 받아 아내에게 물었다. "무엇을 할 때 가장 행복해? 그리고 버킷리스트는 뭐야?" 놀랍게도 나와 아내 둘 다 행복하기 위해 큰돈이 필요하지 않다는 것에 동의했다. 버킷리스트 또한 '유럽에서 한 달 살기' 정도에만 많은 돈이 필요했고 나머지는 약소한 수준이었다.

그 후로 몇 번 더 지도 위에 그려진 밑그림을 지우고 스케치하기를 반복하며 '행복하기 위해 필요한 돈'을 계산했다. 2020년 초부터 머리를 싸맸던 문제는 2021년 8월, 마침내 해결되었다. 우리의 경제적 자유 목표, 그러니까 파이어족이 되기 위한 목표 말이다. 다음은 우리 집 냉장고, 현관문 앞 화이트보드에 적혀 있는 문장이다.

'2024년 9월 1일, 순자산 17억 원.'
'자녀 있는 4인 가구, 2024년 9월 1일 FIRE.'

자기계발 모임 게시판에 나의 순자산(부채를 제외한 자산) 목표를 글로 작성한 적이 있다. 17억 원은 적게 느껴졌는지 몇몇 분들은 오타라고 생각해 117억 원으로 이해했다. 하지만 파이어족인 우리 가족에게 순자산 17억 원은 경제적 자유에 다가가기에 충분했다.

파이어족이 되고 월수입을 600만 원으로 가정했다. (당시 월지출이 350만 원 내외였으므로 넉넉히 잡았다.) 투자 자산 시스템 소득으로 월 300만 원을 만들고, 나머지 300만 원은 기타 소득으로 충당할 것이다.

시스템 소득의 수익률은 보수적으로 4%로 계산했다. (17억 원 중 투자 자산 10억 원, 주택과 같이 깔고 앉은 돈 7억 원.) 기타 소득인 노동·사업·프리랜서 소득도 보수적으로 잡았다.

월평균 300만 원의 각종 소득에 콘텐츠 투자 소득인 유튜브

애드센스, 책 인세, 온라인 클래스 수입, 전자책 수입 등이 포함된다. (아무것도 하지 않아도 자동 수입화되는 소득이다.) 최소 월 100만 원은 될 것이다. 따라서 나머지 200만 원만 평소 하고 있거나 새롭게 할 프로젝트로 채우면 되니 불가능한 일이 전혀 아니다.

사람들은 말한다. 파이어족은 직업 없이 놀고먹으며 인생을 즐기는 사람들 아니냐고. 완벽한 착각이다. 파이어족은 수입이 목적이 아닌, 가치를 목적으로 추구하는 직업이 있다. 자연스럽게 돈도 따라온다. 또한 지속적인 투자를 통해 더 큰 부를 추구할 수도 있다.

그럼 일을 하는 일반인과 파이어족이 무슨 차이가 있냐고 묻고 싶을 것이다. 지금 나의 삶과 진짜 파이어족의 삶은 아직까지는 분명 다르다. 지금 삶의 비중은 '미래'가 80%이고 '현재'가 20%이다. 반면 파이어족 삶의 비중은 '현재'가 80%이고 '미래'가 20%이다. 무엇보다 파이어족의 삶은 의사결정 시 돈이 아닌 가슴이 뛰는지가 중요하며, 결과에 따른 행복도가 높다.

그렇다. 현재가 중요하냐, 미래가 중요하냐의 풀리지 않는 난제는 '행복하려면 얼마나 많은 돈이 필요한가?'라는 질문을 만들어냈고 '우리의 행복에는 큰돈이 필요하지 않다'라는 정답을 불러왔다. 다양한 물음표들은 하나의 커다란 물음표가 되었고 고개를 숙이며 생각하고 있던 물음표가 고개를 들자 마침내 느낌표가 되었다. 그리고 '현재냐 미래냐' 담론의 종착점인 파이어족이 되기 위한 본격적인 여정을 시작했다.

당신이 무엇을 할 때 행복한지 떠올려봐라.

그리고 필요한 돈을 계산해라.

그다음 당신만의 목표 자산을 확고히 세워라.

경제적 자유의 여정에서

방해물을 현저히 줄이고 지름길로 안내할 것이다.

부의 지도 끝에서 짓는
3층 피라미드

　드림 지도의 끝에는 3층짜리 피라미드가 기다리고 있다. 1층이 굳건하게 지어져야 2층을 쌓아올릴 수 있다. 또 2층이 튼튼해야 3층 피라미드를 준공할 수 있다. 이는 경제적 자유를 이뤄야 하는 이유이자 이룬 뒤 나의 목표이기도 하다. 경제적 자유 달성이 인생의 전부가 아니다. 그 후에 무엇을 할 것인지 자신의 비전이 무엇인지가 중요하다. 이 사실에 중점을 맞춰 다음 글을 읽고 힌트를 얻길 바란다.

1층 : 경제적 안정의 단계

2층과 3층을 지탱해야 하니 기초 공사가 중요하다. 가난했던 경험은 돈의 이중성을 알게 해줬다. 돈이 없으면 얼마나 슬프고 비참해질 수 있는지, 돈이 있으면 얼마나 편안하고 행복할 수 있는지 상황에 따라 다른 표정을 짓는 돈의 정체를 알게 되었다.

어린 시절, 난방비를 아끼려고 하니 늦가을부터 봄까지 집에 한기가 돌았다. 집이 누가 따뜻하다고 말했던가? house(주택) 이든 home(가정)이든 따뜻하지 못했다. 오히려 집보다 바깥이 따뜻하다고 느낄 정도였다. 항상 손이 언 채 보라색 빛을 띄어 선생님이 걱정하기도 했다. '먹고사니즘'이 해결되지 못하니 가족 간의 대화가 적었고 갈등이 잦았다.

여름부터 초가을까지는 또 어떤가? 탑층의 우리 집은 덜덜거리며 돌아가는 선풍기 2대에 의지해 여름이 지나가기를 맥없이 기다렸다. 어느 여름날 어머니는 집에 돌아오시며 혼잣말인 듯 아닌 듯 힘없는 소리를 내뱉었다.

"오면서 팥빙수 사오려다가 그냥 참고 집까지 왔어."

얼음이 귀해 석빙고가 있던 조선 시대도, 지금처럼 프리미엄 빙수인 설빙이 있던 시대도, 그 당시 제과점에서 팔던 5,000원짜리 팥빙수를 말한 것도 아니었다. 슈퍼에서 흔히 볼 수 있는 세일가 1,000원짜리 팥빙수였지만 어머니는 어쩔 수 없이 스스로에게 절약을 강요해야만 했다.

영화 〈국제시장〉에서 '덕수'의 아버지는 주인공인 덕수와 헤어지기 전 신신당부한다. "이제부터 니가 가장이니까니, 가족들 잘 지키기요." 그 후로 덕수는 한평생 가족들을 위해 산다. 아버지의 마지막 말 때문에. 가족들이 그만하면 됐다고 해도 가족을 위해 인생을 바친다. 가난했던 경험 때문일까? 내가 경제적 자유를 이루려는 제1의 목표이자 목적은 하고 싶은 일 다 하며 사는 게 아닌 바로 '가족의 경제적 안정'이다.

2층 : 자아실현의 단계

2층으로 올라가 보자. 자아실현이 기다리고 있다. 유튜브를 하며 제일 기쁠 때가 언제라고 생각하는가? 조회수가 급상승하여 구독자와 수입이 늘어날 때? 아니다. 바로 몇몇 분들의 댓글을 볼 때다. 나를 롤 모델로 삼고 노력하고 있다는 분들, 나의 콘텐츠가 선한 영향을 끼쳤다는 분들, 나로 인해 인생이 긍정적으로 변했다는 분들의 댓글을 보면 가슴이 쿵쾅쿵쾅 뛴다.

경제적 안정을 이루면 내가 하고 싶은 일에 도전하고 실패하고 성취하며 자아실현을 하고 싶다. 또 그것들을 기록하며 사람들에게 힘과 에너지를 불어넣고 싶다. 지금은 사업에 큰 관심이 없지만 나만의 아이템으로 작은 사업도 해보고 싶다. 1층이 가족의 행복을 위한 목표였다면 2층은 오직 나의 행복을 위한 목표이다.

3층 : 사명의 단계

탑층이다. 드넓은 푸른 숲이 펼쳐진다. 가정, 개인을 넘어 사회라는 숲을 보는 단계, 즉 사명이다. 나는 반드시 사회에 기여할 것이다. 내가 죽기 전까지 가난하지만 꿈이 있고 노력하는 1,000명의 아이들에게 경제적·정신적 지지를 줄 것이다.

대학생 때 글로벌 장학생으로 선발되어 교환학생을 다녀온

적이 있다. 선발 소식을 듣고 아르바이트를 하러 가던 밤, 나는 다짐했다. 돈이 없으면 꿈을 이루기 어렵다고 믿었던 나에게 미래에셋 장학재단이 한줄기 빛이 되었듯 가난하지만 꿈이 있고 노력하는 아이를 경제적·정신적으로 지지하겠노라고.

이 일이 발단이 되어 나의 사명이자 최종 목표는 사회 기여가 되었다. 나는 이미 많은 사람으로부터 은혜를 입었다. 마땅히 과거의 나 같은 사람에게 돌려줘야 한다. 내가 1,000명을 도우면 그 1,000명은 성장하여 또 다른 1,000명을 돕는 도미노 효과가 일어나지 않을까? 그렇게 되면 자본주의 사회에서도 인정이 넘치지 않을까? 현재의 삶이 힘들어도 희망찬 세상이 될 수 있지 않을까? 어떤 것보다 아름다운 선순환이지 않을까? 미국의 사상가인 랄프 왈도 에머슨은 말했다. "자기가 태어나기 전보다 세상을 조금이라도 좋은 곳으로 만들어 놓고 떠나는 것이 성공이다."

경제적 자유로 경제적 안정을 찾는다. 이를 바탕으로 자아실현을 하고 사회에 기여한다. 잠시 머물다 가는 아름답고 작은 지구 별에서 보낼 그 무엇보다 멋지고 행복한 삶일 것이다.

경제적 자유.

그 자체만으로도 설레고 좋은 일이다.

그러나 경제적 자유를 이룬 후의 새로운 목표는 무엇인지,

나의 사명은 무엇인지 생각해 보길 바란다.

이는 경제적 자유를 이뤄야 하는

강한 동기부여가 될 것이고,

당신의 일상을 행복으로 충만하게 만들 것이다.

새해 목표 설정은
실패의 지름길

새해, 다음 달, 내일을 기다리지 마라. 평생을 기다릴 것이다. 초대형 베스트셀러 《부자 아빠 가난한 아빠》의 저자 로버트 기요사키는 여유가 없다고 생각하는 순간 질문이 닫힌다고 말했고, 영국 전 총리 처칠은 완벽주의란 미적거리면서 뒤로 미루는 것을 보기 좋게 포장해 주는 포장술에 지나지 않는다고 일침을 날렸다. 그리고 백만장자 동기 부여가 레스 브라운은 "달을 향해서 쏴라. 달을 놓친다 해도 여전히 당신은 별들 사이에 있다"라고 이야기했다.

나는 월급쟁이에서 이렇게 독립했다

그렇다. 어떤 것도 시작 앞에서는 핑계일 뿐이다. 여유가 없다는 말은 그것이 우선순위에서 밀려나 있다는 의미이다. 예를 들어보자. 당신은 다이어트를 하고자 한다. 당연히 식이요법과 운동이 중요하다. 그러나 회사 일, 집안일 등으로 바쁘다고 운동할 시간이 없다고 말한다. 이는 다이어트가 우선순위에서 밀려났고 체중 감량의 의지가 없다고 만천하에 공표하는 것과 마찬가지다.

준비가 완벽히 되지 않았다고? 완벽한 것은 존재하지 않는다. 시작하면 소기의 성과라도 달성할 수 있다. 레스 브라운의 말처럼 목표가 하늘의 달일지언정 근처는 갈 수 있다. 다이어트 목표가 10kg였어도 2~3kg은 감량할 수 있다. 실패를 해도 괜찮다. 슈퍼리치 김승호 회장은 《생각의 비밀》에서 실패하지 않은 것이 자랑할 일이 아니고, 실패를 통해 교훈을 얻으면 성공의 가치가 있다면서 실패의 중요성을 언급했다.

나는 연말이 되면 안타까움을 느낀다. 새해 목표 때문이다. 사람들은 11월 말부터 다음 해의 목표를 생각하고 적고 공유한다. 내년에는 올해보다 좋은 일만 가득하고 싶다는 그 마음을 알지만 그러기 위해서는 내년을 기다리면 안 된다. 새해 목표를 다짐하는 사람들을 수도 없이 봤지만 성공하는 사람은 소수다. 흡연자들의 3대 거짓말이 있다. 첫째, 내년부터 끊을 거야. 둘째, 내일부터 끊을 거야. 셋째, 이것까지 피고 끊을 거야. 이런 마음으로는 절대 금연을 할 수 없다. 가지고 있는 담배와 라이터를 즉시 버려야 끊을 수 있다.

나도 한때는 흡연자였고 여러 번 금연에 실패했다. 실패했던 원인을 복기하면 소름 끼치게도 똑같은 이유가 있었다. 금연 목표 시기가 현재가 아닌 미래였다는 것. 그렇다. 당신이 경제적 자유를 목표하거든 차일피일 미루지 마라. 다음 달부터 가계부를 쓰겠다고? 평생 못 쓸 것이다. 20만 원짜리 신발만 사고 절약을 하겠다고? 신발에 코디할 옷을 쇼핑하는 자신을 발견할 것이다.

"시작이 반이다"라는 상투적인 말이 있다. 이 말은 과학적으로 증명되었다. 정신의학자 에밀 크레펠린의 '작동흥분이론'에 따르면, 어떤 일을 시작하면 의욕이 뒤따라 성과를 낸다고 한다. 의욕이 넘쳐나서 실행을 하고 성과를 내는 게 아니라 시작을 하면 의욕이 생긴다는 것이다. 왜 그럴까? 일단 시작을 하면 뇌의 측좌핵 부위가 흥분되고 행동을 멈추려면 에너지가 필요하다. 따라서 뇌는 하던 일을 하는 것이 낫다고 판단하는 것이다. 어떠한 일이든 척척 잘하는 사람에게 비결을 물어보면 그들의 답은 '그냥 한다'이다. 성의 없는 답변이라 생각할 수 있지만 '작동흥분이론'을 대입해 보면 진정성 있는 답변이다.

하나만 짚고 넘어가자. 새해 목표가 중장기 계획이면 적기에 시작하는 것이 맞다. 앞에서 이야기했듯이 여러 개의 유리공을 저글링하면 가지고 있던 유리공이 깨질 수 있다. 따라서 프로젝트 성격으로 실행하는 경우 지금 당장 시작하지 않아도 된다. 다만, 한 가지만 확실히 해야 한다. 경건한 마음으로 왼쪽 가슴에 손을 올리고 생각해 보자. 시작을 미루려는 건지, 영화 〈기생충〉에서 배우 송강호가 아들에게 말한 것처럼 "너는 계획이 다 있구나" 상태인지.

더 이상 미루면서 핑계 대지 마라.
당신이 경제적 자유인이 되겠다고 마음먹었다면
어떠한 목표든 지금 당장 실행하라.
'내일부터 하겠다. 다음 달부터 하겠다.'
최악은 내년부터 하겠다는 마음이다.
내일, 다음 달, 내년을 즐겨 찾는다면,
경제적 자유는 얻기 힘들 것이다.

자기계발 없는
재테크는 없다

    새벽 4시 30분. 모두가 잠들어 있는 깜깜한 어둠 속에 핸드폰만 요란하다. 핸드폰에서 나오는 블루라이트를 불빛 삼아 문고리를 찾아 열고 나온다. 오전 4시 30분. 나의 기상 시간이며 2년 가까이 유지하고 있다.

    경제적 자유를 꿈꾸며 재테크 책으로 독서를 시작했다. 하는 일이 많다 보니 시간 관리의 중요성도 느낀다. 다양한 사람을 만나다 보니 대인관계도 중요하다고 생각된다. 자연스럽게 자기계발에 관심을 두게 되었다. 그렇게 재테크 책에서 시작하여 자기계발, 철학, 문학까지 이르렀다. 경제적 자유를 꿈꾸지만 자기계발에도 상당한 시간을 할애하고 있다.

혹자는 말한다. 경제적 자유를 꿈꾼다면 재테크 도서만 파야 하는 거 아니냐고. 단기적인 성과를 본다면 그게 맞을 수 있다. 그러나 여러 번 이야기했듯 경제적 자유가 인생의 목표는 아니다. 경제적 자유 이후의 삶을 그리기에 자기계발이 중요하다고 생각하는 것이다. 돈만 많은 부자는 불행하다. 따라서 자기계발로 '자기 경영'을 해야 한다.

자기계발 없는 경제적 자유는 없다. 자기계발은 잠재하는 자기의 슬기나 재능, 사상 따위를 일깨워 주는 것이다. 즉, 자신의 성장을 의미한다. 그렇다. 경제적 자유를 위해 자신의 능력치를 최대화할 필요가 있다. 장기적으로 자기계발 능력 향상이 경제적 자유에 가속도를 붙일 것이다. 여기서 내가 중요시하고 실천하는 자기계발 종류를 몇 가지 이야기하겠다.

첫째, 시간.

경제적 자유를 이루기 위해 당연히 대가가 필요하다. 그 대가는 바로 '시간'이다. 가족 또는 친구와 시간을 보낼 수 있는 시간이 줄어든다. 시간 관리를 위해 주 단위로 계획을 세우며 일

단위, 시 단위로 쪼개 체크하고 피드백한다. 자연스럽게 시간을 쪼개서 시간을 창조하고자 한다. 시간을 창조하려다 보니 아무에게도 방해받지 않는 시간대를 찾는다. 그 실천 결과가 바로 미라클 모닝이다. 새벽 5시에 상사가 회식을 하자고 하겠는가, 친구가 연락해서 술 한잔 기울이자고 하겠는가? 새벽 시간은 온전히 자신만의 의지로 만들어 낼 수 있는 황금 같은 시간이다.

둘째, 건강.

경제적 자유까지의 여정은 장기적인 마라톤이니 '건강'이 중요하다. 몸이 아프면 집중하기가 어렵다. 통원 치료를 받는 시간이 그렇게 아까울 수가 없다. 따라서 건강을 유지하기 위해 매일 운동하고 식단 조절을 하고 있다. 운동할 시간이 없다고 말하고 싶다면 미라클 모닝을 적극 활용하라. 새벽 시간은 앞서 말했듯 누구한테도 방해받지 않는 나만의 시간이다. 퇴근 후 운동을 하겠다고? 야근의 급습, 돌발 회식 등으로 지키지 못할 가능성이 존재한다.

셋째, 독서.

나는 매일 1시간 이상 '독서'를 한다. 아직 30대 초반이니 인생과 투자 경험이 부족하다. 책 속에서 선배들의 친절한 조언을 귀담아듣고 나에게 체화한다. 독서로 지식, 정보뿐만 아니라 대인관계도 배운다.

부자와 가난한 사람의 특징을 분석한 토마스 콜 리가 밝힌 일부 내용이다. 부자의 88% 이상이 하루 30분 이상 독서를 즐기며, 82%의 사람들이 건강상에 문제가 없었다. 출근 시간 3시간 전에 일어나는 비율도 실패한 사람의 3배 이상이다. 그렇다. 자기계발은 부자들이 공통적으로 가지고 있는 습관이다.

경주마는 눈가리개를 쓴다.

앞만 보며 결승선을 빠르게 통과하기 위함이다.

이는 단거리용이다.

경제적 자유를 찾는 여정은 장거리 여행이다.

눈가리개를 벗어 사방을 둘러보자.

초기에 시간은 걸릴지언정,

마침내 지름길을 발견할 수 있다.

눈가리개는 절약, 투자에만 몰입하는 것이고,

사방을 둘러보는 것은 자기계발을 뜻한다.

자기계발 없는 경제적 자유는 없다.

이렇게 경제적 자유를
찾을 것이다

2024년 9월 1일, 순자산 17억 원. 나의 드림 지도 종착지이다. 현재 70% 정도 와 있으며 나머지는 어떻게 달성할 것인지 나만의 시나리오를 이야기하겠다. 드림 지도의 중간 지점을 넘은 나의 사례를 참고하길 바라는 마음으로 쓴다. 구체적인 예시가 있어야 당신의 계획을 수립하고 실행하기 쉬울 것이다.

Chapter 1에서 이야기한 '경제적 자유 계산식'을 기억하는가? (기억이 안 나더라도 굳이 다시 돌아갈 필요 없다.) 절약, 소득 높이기, 투자의 중요성을 언급했다. 절약으로 지출은 줄이고 소득을 높여 종잣돈을 빠르게 크게 만든다. 그리고 종잣돈을 바탕으로 투자의 결과물을 만들어 경제적 자유를 이룬다. 이게 핵심이었다. 당시, 경제적 자유를 위한 재무 시뮬레이션을 아무리 돌려보아도 절약을 하고 소득을 높이는 것보다 투자 수익률을 높이는 게 훨씬 효율적이었다. 그렇다고 절약과 소득 높이기를 등한시한다는 의미는 아니니 오해는 하지 마시라.

따라서, 나의 경제적 자유 시나리오의 핵심은 결국 투자다. 그러기 위해 종잣돈이 필요하니 남들이 궁상맞다고 해도 절약하고 직장 소득 외에 파이프라인을 만든 것이다. 현재 나는 수입을 늘리는 데 주력하고 있다. 퇴사를 선택한 이유 중 하나도 다양한 수입원을 늘릴 기회가 있기 때문이다.

2022년 초부터 다양한 수입원을 만들 것이다. 예상되는 수입순으로 나열하자면 유튜브, 글로벌 셀러, 온라인 클래스, 출강, 전자책, 종이책, 주식 배당, 블로그다. 당장 실현 가능성이 있냐고? 이미 제안을 받아온 것들이고 어떤 것은 개인 사정상 하지 못했다.

2022년 하반기, 직장인 월급의 3배 이상의 수입을 만든 후 본격적으로 투자자의 길을 걸을 것이다. 앞서 밝혔지만 내가 고려하는 투자 대상은 부동산이다. N잡도 하고 투자도 하고 이게 가능하냐고 의문이 들겠지만 이 시기에는 N잡의 상당수가 시스템화되어 있을 것이다. 그렇게 절약은 기본으로 하고 소득을 높여 투자금을 만든 후 부동산 투자로 경제적 자유를 찾는 게 나의 시나리오다.

이렇게 말하는 사람도 있을 것이다. "인생이 그렇게 호락호락할까? 계획대로만 되면 다들 그렇게 했겠지." 물론, 이 시나리오에 수정이 있을 것이다. 더 많은 물(돈)을 끌어당길 수 있으면 파이프라인 교체 공사(시간 투자)를 할 수 있다. 즉, 나의 시나리오에 수정이 생기겠지만 결국 해낼 것이라고 믿는다.

칸트는 "나는 해야 한다. 그러므로 할 수 있다"라고 했으며, 나의 멘토인 청울림 대표는 책《나는 오늘도 경제적 자유를 꿈꾼다》에서 세상은 가장 강한 확신을 가진 사람들의 것이고, 스스로 한계를 정하지 않는 사람이야말로 이 세상의 주인이라고 했다. 또한 자동차의 왕 헨리 포드는 "할 수 있다고 생각하면 할 수 있고, 할 수 없다고 생각하면 할 수 없다"라고 귀띔했다.

평면인 지도가 있다. 길이 어떻게 보일까? 평탄해 보인다. 그러나 입체 지도를 봤을 때 길은 울퉁불퉁할 것이다. 평면 지도에는 잘 닦인 길로 보이지만 실제로는 구덩이가 파여 있을 수도, 오르막길일 수도 있다. 지도에 돋보기를 들이대 보면 길이 끊겨 있을 수도 있다. 중간 목적지에 도달했는데 이런 말이 나올 수도 있다. "이 길이 아닌가벼!"

만석닭강정도 먹을 겸 속초로 여행을 떠났다고 가정하자. 내비게이션을 잘못 봐서 다른 길로 들어섰다. 휴게소에 주차를 하는데 재수 없게 못을 밟아 타이어가 터졌다. 당신은 여행을 포기하고 집으로 돌아갈 것인가? 길을 잘못 들어섰으면 시간이 더 걸려서라도 돌아가는 선택을 할 것이다. 타이어가 터졌으면 견인차를 불러 타이어를 교체하고 다시 여행길을 떠날 것이다.

시나리오에 수정이 있을지언정 하나는 확실하다. 경제적 자유를 이룬 선배들이 대부분 그러한 여정을 경험했다. 계획은 세웠으나 아예 엎어진 경우도 있었고 경로를 비틀어 종착지에 도달하기도 했다. 원래의 일과 아예 다른 분야에서 성공한 사람도 있다. 그러니 일단 문밖에 나와 새로운 세상을 마주하는 것이 핵심이다.

길은 처음부터 그곳에 존재하지 않았다. 앞서간 여행자가 있었기에 길이 생긴 것이다. 나는 경제적 자유 여행을 먼저 출발한 선배로서, 당신이 더 탄탄한 길을 걷도록 돕기 위해 이 책을 썼다. 여행길에 생길 상처나 고난을 두려워하지 마라. 부디 대가 없는 성취는 없다는 것을 기억해 달라. 이제 당신만의 경제적 자유 길을 떠나자! 종착지에서 환하게 웃으며 만나는 날을 고대하겠다. 그때 나는 두 팔 벌려 당신을 격하게 마중할 것이다. 그날 오래 묵혀놨던 승리의 샴페인을 터뜨리자!

"Bravo! Our life!"

나는 이렇게 경제적 자유를 이룰 것이다.
2021년 말 월급쟁이에서 독립한다.
2022년에 소득 향상을 극대화하고,
2022년 하반기부터 안정적인 투자자의 길을 걷는다.
투자 성과를 바탕으로,
2024년 9월 1일 경제 독립 선언을 한다.

이제 4B연필과 지우개를 당신에게 건네겠다.
새하얀 도화지에 당신만의 지도를 거침없이 그려라.

완벽한 지도를 그리려고 애쓰지 마라.

나는 크레파스 대신 연필을 건넸다.

어차피 수정이 필요할 것이라는 뜻이다.

콘텐츠 투자든 투자자의 길을 걷든 당신만의 길이다.

남들이 좋다고 하는 것에 휘둘려 모방작을 그리지 마라.

여행은 계획을 세울 때가 가장 즐겁고 막힘이 없다.

여행지에 미리 가서 닭강정도 먹고,

물회도 먹는 모습을 이미지화하기 때문이다.

경제적 자유라는 여행을 하며 즐거운 마음으로 드림 지도를
그리길 바란다.

What과 How는 전략,
Why는 방향

당신은 인생을 왜 사는가?

재테크 입문서에 철학적인 내용이라니. 생뚱맞다고 생각할 수 있다. 그러나 전혀 상반된 질문이 아니다. 당신은 재테크를 왜 하려고 하는가? 당신은 경제적 자유를 왜 찾으려 하는가? 그 이유가 단순해도 좋다. 회사 다니기 싫거나 세계여행을 하고 싶은 것도 훌륭한 사유다. 한번 그 마음을 들여다보자. 퇴사를 꿈꾸는 것은 현재가 불행하기 때문이다. 세계여행을 하고 싶은 것은 설렘과 행복을 느끼기 위해서다. 그렇다. 당신이 경제적 자유를 찾으려는 목적은 분명하다. 결론적으로 행복하기 위해서다. 이게 당신이 살아가는 이유다.

그러나 이 사실을 잊고 재테크에 열중하는 사람이 많다. 그저 돈이 많으면 나머지는 따라오겠거니 생각하는 것이다. 사람들은 육하원칙 중 What(무엇)과 How(방법)를 좋아한다. 유튜브나 뉴스에서는 성공한 사람들을 인터뷰한다. 진행자는 '어떻게 성공할 수 있었는지', '무엇을 해야 성공 투자를 할 수 있는지'를 묻는다. Why(이유)를 활용해 '왜 부자를 꿈꾸었는지', '왜 그런 신념을 가지게 되었는지'는 큰 관심이 없다.

당신에게 묻겠다. 왜 경제적 자유를 찾으려 하는가? '회사 가기 싫어서', '가슴 뛰는 일을 하고 싶어서' 등 1차원적인 짧은 답변을 할 것이다. 질문을 바꿔보자. 어떻게 경제적 자유를 찾을 것인가? 경제적 자유에 관심이 있다면 이 정도는 술술 답변할 것이다. '부동산 소액 투자를 할 것이다(What). 투자금은 한 채당 1억 원 이하로 설정하고 수익률은 10%를 목표로 5년 안에 경제적 자유를 찾을 것이다(How).' 보통 두 가지 질문을 하면 후자에 대해 더 자세히 이야기한다. Why가 더 중요하다는 걸

나는 월급쟁이에서 이렇게 독립했다

모른 채 말이다.

나는 재산을 쌓느라 일에 몰두하는 부자는 불행하다고 생각한다. 세계 최고의 부자가 인생의 목적이라 말한다면 할 말이 없다. 그러나 대다수는 그런 목적으로 살진 않을 것이다. 삶을 즐길 줄 아는 부자는 적당한 타이밍에 스위치를 켜고 끌 줄 알아야 한다. Why를 위해 스위치를 켜서 미친 듯이 몰두하고, Why를 달성하고 나서는 스위치를 꺼서 자신의 행복을 위해 힘을 뺄 줄 알아야 한다. 스위치를 켤 줄만 알고 끌 줄 모르면 경제적 자유를 찾을지언정 삶의 행복은 찾지 못할 것이다.

What과 How는 전략이고 Why는 방향이자 목적이다. 제갈공명도 지도가 없다면 필승의 전술을 세울 수 없다. '왜 경제적 자유를 찾으려고 하는가?', '왜 인생을 사는가?'에 대해 심도 있게 고민해야 한다. 장담컨대, What과 How는 보너스로 따라온다. Why를 명확히 아는 사람은 '경제적 자유인'이 아닌 '건강하고 행복한 경제적 자유인'이 될 것이다.

에필로그

경제적 자유를 찾는 세 박자와
20억 자산 형성의 비밀

여기까지 책을 읽은 당신의 미래가 더욱 기대된다. 지금 이 글을 읽고 있다는 것 자체가 경제적 자유에 대한 열망이 크기 때문이니 말이다. 그런 의미에서 '경제적 자유를 확실히 찾는 세 박자'를 마지막으로 이야기하고자 한다. 세 박자만 잘 갖추면 경제적 자유가 알아서 당신 앞에 찾아올 것이다.

하나, 뚜렷한 목표.

반드시 설정하라, 당신의 경제적 자유에 대한 목표. 구체적인 숫자가 있어야 한다. 언제까지 얼마나 돈을 모을 것인지 또는 월수입을 만들 것인지 확실하게 세워라. 목표 없이는 방향을 잃을 수밖에 없다. 목표 없이는 내가 잘하고 있는지 알 수 없다. 자신의 현재 상황과 대조할 수 있는 지표가 없기 때문이다. 나의 경제적 자유 목표가 2024년 9월 1일, 순자산 17억 원이듯 다른 사람을 신경 쓰지 않는 당신만의 목표를 반드시 세워라.

둘, 구체적인 계획과 피드백.

목표를 세웠으면 어떻게 달성할 것인지 생각하고 계획하라. 연간, 분기, 월간, 주간, 일간 단위로 계획을 세워야 한다. 당장 내일 어떻게 될지 모른다고? 계획에 수정이 있어도 일단 세워라. 그래야 동기가 부여되고 길이 보인다. 그다음에는 피드백을 하라. '오늘 하루 계획대로 보냈는지? 이번 주는 어땠는지? 더 개선할 점은 없는지?' 등을 살펴보고 반영해라. 나도 그랬듯 많은 사람이 귀찮다는 이유로 피드백의 중요성을 간과한다. 그러나 피드백을 해야 정확한 성과를 알고 계획을 수정할 수 있다.

셋, 실행력.

마지막 박자다. 실행력. 사실 세 박자 중에 으뜸이 실행력이

다. 목표와 계획 및 피드백을 아무리 잘하면 뭐하는가. 실행력
이 없으면 말짱 도루묵이다. 모든 것이 완벽해질 때까지 기다리
지 말고 부딪히면서 배우면 된다. 나도 유튜브를 할 때 그렇게
했으며, 다른 프로젝트도 실행부터 했다. 지금 당신이 보는 이
책을 집필할 때도 처음부터 잘 쓰려 하지 않고 하얀 바탕에 키
보드부터 두드리기 시작했다.

앞의 세 박자만 조화롭게 이뤄나가자. 1년도 안 되어 눈에 보
이는 성과가 있을 것이다. 그러다 보면 경제적 자유를 찾지 않
아도 어느새 눈앞에 경제적 자유가 다가와 악수를 건넬 것이다.

나는 5년 전만 해도 현재 모습을 전혀 상상하지 못했다. 불과
5년 전까지 가난한 사람의 마인드였다. 월급을 모으면 나에 대
한 보상으로 쓰기 바빴다. 퇴근 후 소파에 딱 들러붙어 돈을 들
여 살을 찌우는 행동을 반복했다. 맥주를 마시고 감자칩을 먹는
것처럼 말이다.

그러나 5년이 지난 지금, 나는 긍정적으로 변화해 부자 마인
드를 갖게 되었다. 3년 만에 7,000만 원을 모아 아파트 청약을
받았다. 퇴근 후 그 누구보다 생산적이고 알찬 하루를 보냈다.

세 박자가 더 잘 돌아가는 요소, 바로 열정이다. 한 번뿐인 인생, 뜨겁게 살자고 이야기하면 누군가는 꼭 이렇게 말한다.

"인생 그렇게 피곤하게 살아야 해? 좀 즐기면서 살아."

그런 그에게 영화를 좋아하냐고 묻고 싶다. 잘 만들어진 영화 안에는 희로애락이 들어 있다. 그래야 재미와 감동이 있고 흥행한다. 대다수의 사람은 그런 영화를 좋아한다. 주인공을 동경하며 대단하다고 생각한다. 그러나 우리 현실에서는 주인공과 반대로 산다.

인생은 영화처럼 굴곡이 있다. 기쁜 일도 화나는 일도 슬픈 일도 즐거운 일도 존재한다. 그러나 각각 하나의 사건만 보고 희망이 없는 것처럼 오늘을 살아간다. 영화 속 주인공은 동경하면서 자신의 삶은 보잘것없다고 생각하는 것이다.

소설가 마크 트웨인은 이렇게 귀띔했다.

"20년 뒤, 당신은 했던 일보다 하지 않았던 일 때문에 더 실망할 것이다. 그러니 밧줄을 풀고 안전한 항구를 떠나라. 탐험하라, 꿈꾸라, 발견하라."

동경하는 영화 속 주인공처럼 멋지게 나아가자. 시시한 영화는 싫어하면서 왜 내 삶에 있어서는 단조로운 삶을 꿈꾸는가.

덧붙여, 20억 자산의 비결을 딱 한 가지로 강조하겠다. 솔직히 이게 비결의 전부라고도 할 수 있다. 바로 '절약'이다. 종잣돈을 모으기 위한 통과의례는 바로 절약이다. 만약 내가 1억 원이라는 종잣돈이 없었다면 아파트 청약이라는 기회가 눈앞에 있어도 우두커니 서서 바라만 봤을 것이다. 청약 당첨이 되지 않았다면 지금처럼 부동산에 관심이 없었을 것이다. 따라서 더 큰 자산 형성도 불가능했을 것이다.

아직도 절약을 평가절하하는 분들에게, 푼돈이 푼돈이라고 생각하는 분들에게 이야기하고 싶다. 당신이 오늘 지출한 치맥 값 2만 원은 2만 원이 아니다. 자동차 구매 비용 3,000만 원은 3,000만 원이 아니다. 과거의 나에게 2만 원은 40만 원 이상의 가치였고, 3,000만 원은 6억 원 이상의 20배 가까이 되는 가치였다. 종잣돈 1억 원에서 현재 자산이 20배 커졌기 때문이다.

결코 잊지 말아달라. 재테크 성과라는 달콤한 열매를 맺기 위해서는 작고 볼품없는 절약부터 시작해야 한다는 것을. 이 사실이 이 책에서 가장 힘주어 말하고 싶은 단 하나의 메시지다.

세 박자와 열정 그리고 절약을 무장한 당신의 경제적 자유를 열렬히 응원한다.

감사의 글

이 책이 나올 수 있도록 도와주신 분들께도 감사한 마음을 전합니다.

아버지, 어머니. 어려운 환경 속에서도 사랑으로 키워주셔서 죄송하고 감사합니다. 그 덕에 최고의 유산인 끈기와 성실을 상속받았습니다. 장모님. 집필에 최선을 다할 수 있게 아이를 돌봐주셔서 감사합니다. 아내인 현정. 인생의 큰 결단인 퇴사를 지지해 주고 부족한 남편을 이해해 주고 올바른 판단을 할 수 있게 조언해 줘서 감사합니다. 아들 한율 그리고 세상에 태어날 우리 둘째. 아름다운 미소를 지켜주며 세상의 기준이 아닌 주체적인 삶을 살도록 언제나 지지할게. 건강하게 자라줘서 고맙다.

첫 직장 동료이자 마지막 직장 동료가 된 분들께. 엑셀도 다룰 줄 모르는 저를 가르쳐 주고 인생 조언을 아낌없이 해주셔서 감사합니다. 둥지를 떠났지만 마지막 순간까지 응원해 주던 그 온기 잊지 않겠습니다. 저 또한 언제나 응원하겠습니다.

청울림 선생님. 선생님을 만나 이야기하고 가르침을 받는 그 모든 것은 축복이자 제 삶의 원동력입니다. 인생의 롤 모델과 소통할 수 있다는 사실은 감개무량할 정도입니다.

언젠가 말하셨죠. 선생님의 역할은 새로운 세상을 안내해 주는 뱃사공이라고요. 이제 막 그 강을 건너왔지만 아직 많은 가르침이 필요합니다. 앞으로도 자만하지 않고 끊임없이 배우겠습니다.

언젠가 여쭤봤죠. 선생님의 삶의 목표는 무엇이냐고요. 2년에 한 번씩 가슴 뛰는 일을 하는 것이라 하셨습니다. 그 당시 그 뜻을 이해하지 못했지만 지금은 저 또한 그런 꿈을 꾸며 성장하고 있습니다. 무엇보다 가르침 덕분에 세상에 태어난 이유를 깨닫게 되었습니다. '자본주의 사회에서 꿈을 잃지 않는 세상을 만든다.' 경제적 자유는 기본이고 제 사명을 지키며 보다 아름다운 자본주의 사회를 만들겠습니다. 멘토이자 롤 모델이자 스승님이신 선생님. 감사합니다.

정선용 선생님. 우연히 선생님의 책《아들아, 돈 공부해야 한다》를 읽고 인연이 이어졌습니다. 제 첫 책을 쓸 때 아낌없이 나눠주신 조언 감사합니다. 덕분에 제 진심을 꾹꾹 담아 책을 집필했습니다. 집필에 대한 팁 이외에 인생 조언도 아끼지 않으셔서 큰 힘이 되고 있습니다. 인연에 대한 소중함을 느끼게 해주신 선생님, 감사합니다.

더불어 집필 과정 중 아낌없는 격려와 조언을 해준 박시솔 편집자님께 감사드리며, 지금의 저를 존재하게 한 절약왕TV 구독자분들께도 무한한 감사를 전합니다.

나는 월급쟁이에서
이렇게 독립했다

1판 1쇄 발행 2022년 2월 9일
1판 2쇄 발행 2022년 3월 23일

지은이 절약왕(장성원)

발행인 양원석 **편집장** 차선화 **책임편집** 박시솔
디자인 신자용, 김미선 **영업마케팅** 윤우성, 박소정, 강효경, 정다은, 김보미
일러스트 긴숨

펴낸 곳 ㈜알에이치코리아
주소 서울시 금천구 가산디지털2로 53, 20층 (가산동, 한라시그마밸리)
편집문의 02-6443-8890   **도서문의** 02-6443-8800
홈페이지 http://rhk.co.kr
등록 2004년 1월 15일 제2-3726호

ISBN 978-89-255-7879-8 (03320)

※ 이 책은 ㈜알에이치코리아가 저작권자와의 계약에 따라 발행한 것이므로
    본사의 서면 허락 없이는 어떠한 형태나 수단으로도 이 책의 내용을 이용하지 못합니다.

※ 잘못된 책은 구입하신 서점에서 바꾸어 드립니다.

※ 책값은 뒤표지에 있습니다.